ZONA COLONIAL 5

Auf Schritt und Tritt begegnest du in der Altstadt von Santo Domingo den Anfängen der Konquista.

📷 *Tipp: Besonders stimmungsvoll wird ein Foto des Alcázar abends, wenn er angestrahlt ist.*

➤ S. 80, Dominikanische Republik

PARQUE NACIONAL LOS HAÏTISES 6

Abenteuerliche Welt wild überwucherter Karstkegel, verwunschener Wasserwege, geheimnisvoller Höhlen und ehemaliger Piratenverstecke.

➤ S. 85, Dominikanische Republik

PIRATES WEEK 7

Tolle Masken, tolle Musik, viel Rum und Reggae – beim Piratenfestival auf den Cayman Islands kann jeder mitmachen.

➤ S. 143, Feste & Events

CAGUANA INDINGENOUS CEREMONIAL PARK 8

Ein archäologischer Schatz: Hier sind Grenzsteine mit eindrucksvollen Petroglyphen auf Zeremonienplätzen der Taíno-Zeit erhalten.

📷 *Tipp: Um die Größe der Steine besser zu dokumentieren, fotografiere einen Stein zusammen mit einem Besucher.*

➤ S. 105, Puerto Rico

EL YUNQUE NATIONAL FOREST 9

Puerto Ricos üppiges Regenwald-Paradies – mit verschiedenen Trails, tollen Wasserfällen, Aussichtstürmen und dem seltenen Baumfrosch.

➤ S. 100, Puerto Rico

HOPE TOWN 10

Pinkfarbene Fassaden, weiße Zäune und blühende Hecken, ein Leuchtturm, ein Hafen und ein herrlicher Strand: das hübscheste Städtchen der Bahamas.

➤ S. 118, Bahamas

INHALT

BAHAMAS
KUBA
DOMINIKANISCHE REPUBLIK
CAYMAN ISLANDS
JAMAIKA
PUERTO RICO

KARIBIK

GROSSE ANTILLEN

DOMINIKANISCHE REPUBLIK
BAHAMAS KUBA JAMAIKA
PUERTO RICO CAYMAN ISLANDS

Reisen mit MARCO POLO Insider-Tipps

MARCO POLO TOP-HIGHLIGHTS

HABANA VIEJA 1

Prachtvoll aufpoliertes Weltkulturerbe voller Leben in wieder eröffneten legendären und neuen Restaurants und Bars (Foto).

Tipp: Den besten Panoramablick über die Bucht, die Altstadt und den Malecón hast du vor dem Restaurant La Divina Pastora im Festungskomplex Morro-Cabaña.

➤ S. 42, Kuba

CASA DE LA TROVA 2

In der legendären Musikkneipe in Santiago de Cuba heizen die besten Son-Musiker den Tänzern ein!

Tipp: Keine Angst vor Unschärfen – fotografiere ohne Blitz, dann swingt selbst noch das Foto!

➤ S. 55, Kuba

BLUE MOUNTAINS 3

In den Blauen Bergen schlägt das Herz Jamaikas. Freu dich auf auf das Anbaugebiet eines Spitzenkaffees und tolle Bergpanoramen!

➤ S. 69, Jamaika
➤ S. 127, Erlebnistouren

FLOSSFAHRT AUF DEM MARTHA BRAE RIVER 4

Rastas steuern dich gemächlich auf dem Bambusfloß durch einen üppigen Dschungel.

Tipp: Stell dich hinter die Sitzbank, wenn du eine schöne Totale mit langem Bambusfloß und Flößer auf dem Fluss haben willst!

➤ S. 74, Jamaika

Besuch planen
€–€€€ Preiskategorien
Essen/Trinken
Shoppen
Ausgehen
Top-Strände

(A2) Herausnehmbare Faltkarte
(a2) Zusatzkarte auf der Faltkarte
(0) Außerhalb des Faltkartenausschnitts

BESSER PLANEN MEHR ERLEBEN!

Digitale Extras
go.marcopolo.de/app/kga

DAS BESTE ZUERST

Palmen, Sonne, Strand und Meer im dominikanischen Punta Cana

BEST OF

BEI REGEN

SCHÖN, AUCH WENN ES REGNET

ALTE GEISTER WECKEN
Wenn Regen und Sturm am alten *Rose Hall Great House* bei Montego Bay auf Jamaika rütteln, dann kannst du dir richtig gut vorstellen, wie die grausame Herrin nachts in dem ehemaligen Plantagenhaus durch die Räume spukt ...
➤ S. 73, Jamaika

FABRIK MIT VORLESER
So vergeht Akkordarbeit im Flug: In der Zigarrenfabrik *Francisco Donatien* in Pinar del Río kannst du erleben, wie Vorleser den Arbeiterinnen das Rollen von Zigarren versüßen und dich im Laden dann gleich mit deiner Lieblingssorte eindecken (Foto).
➤ S. 47, Kuba

GROSSARTIGE KUNSTWERKE
Nein, du brauchst kein Liebhaber von Rubens, Goya und Gainsborough zu sein, um von der Kunstsammlung im *Museo de Arte* in Ponce begeistert zu sein. Ein tolles Haus, in dem es auch regionale Kunst zu sehen gibt.
➤ S. 102, Puerto Rico

EINFACH ABTAUCHEN
In das *Atlantis Submarine* auf Grand Cayman einsteigen und schon geht's rund 30 m runter zu den schönen Riffs, den in der Strömung tanzenden bunten tropischen Fische und sich im Wellengang wiegenden Anemonen und Hornkorallen.
➤ S. 62, Cayman Islands

GERUCH VON TEER & PULVER
Es riecht nach Teer und Salz, Kanonen donnern und Säbel rasseln – im Multimedia-Museum *Pirates of Nassau* wirst du zurückversetzt in die verrückteste Zeit in der Karibik – die von Captain Blackbeard und seinem Schiff Revenge, von Caligo Jack und Anne Bonny.
➤ S. 111, Bahamas

BEST OF

LOW-BUDGET

FÜR DEN KLEINEN GELDBEUTEL

SANTERÍA-SPEKTAKEL

Sonntags wird in der kleinen *Callejón de Hamel* in Havanna zu Ehren der *Orishas* (der Götter des *Santería*-Kults) leidenschaftlich getrommelt und getanzt – ein tolles Spektakel (Foto)!

➤ S. 44, Kuba

SPRÜNGE ZUM SUNSET

Seit Jahrzehnten Kult, und immer wieder ein spannendes Schauspiel: Rund um *Rick's Café* in Negril springen Wagemutige zum Sonnenuntergang von den Felsen ins Meer.

➤ S. 75, Jamaika

FIESTA FÜR ALLE

Eine tolle Stimmung herrscht jeden Sonntag ab 17 Uhr auf dem kleinen Platz *Rinconcito d'Don Guillermo* in der Zona Colonial von Santo Domingo. Denn dann heizen dort Son-, Salsa-, Bachata- oder Merenguebands gratis Tänzern jeden Alters ein.

➤ S. 83, Dominikanische Republik

BUMMELN DELUXE

Im Shoppingparadies *Camana Bay* auf Grand Cayman ist fast alles Gold, was in den Schaufenstern glänzt. Nur die überall „herumlungernden" blauen Leguane sind nicht echt – und lediglich gucken und staunen kostet nichts.

➤ S. 62, Cayman Islands

JAMMIN' IN DER ALTSTADT

Jeden Freitagabend sorgen Bands in der Altstadt von San Juan unter dem Motto *Adoquín Jamming Nights* („Kopfsteinpflaster-Nächte") für eine tolle Stimmung beim abendlichen Bummel durch die Gassen.

➤ S. 97, Puerto Rico

STAUNEN ÜBER ATLANTIS

Lobbys, Lagunen und einige Bereiche des hauseigenen Aquariums des Superressorts *Atlantis Paradise Island* kannst du auch als Besucher anschauen.

➤ S. 111, Bahamas

BEST OF

MIT KINDERN

SPANNENDES FÜR GROSS & KLEIN

DINOS FAST WIE ECHT

Ein besonderes Erlebnis, nicht nur für Kinder: die Begegnung mit den haushohen Tyrannosaurus-Rex- und Stegosaurus-Modellen im Innenhof des *Naturkundemuseums* im Palacio Guash von Pinar del Rio.

➤ S. 47, Kuba

GESCHULTE PONYS

Kinder brauchen vor den Ponys und kleinen Pferden von *Pampered Ponies* auf Grand Cayman keine Angst zu haben, denn sie sind speziell darauf abgerichtet, Knirpse sicher herumzutragen – zu Strand-, Wasser- und sogar zu Mondscheinritten.

➤ S. 63, Cayman Islands

ABENTEUERLICHE FLOSSFAHRT DURCH DIE HÖHLE

Schon der Abstieg in der Tiefe der zum Teil eingebrochenen Höhle des *Parque de Los Tres Ojos* am Rand von Santo Domingo in der Dominikanischen Republik ist ein kleines Abenteuer. Highlight ist die Fahrt über einen der unterirdischen Seen.

➤ S. 81, Dominikanische Republik

TELESKOP IM URWALD

Faszinierend für die ganze Familie: das *Arecibo Observatorium* mit seinem 305 m großen Reflektor ist nicht nur für Technikfreaks hochinteressant. Hier versuchte Jodie Foster für den Film „Contact" Wesen im Weltall zu finden (Foto).

➤ S. 105, Puerto Rico

FLAMINGOS TANZEN, PAPAGEIEN FÜTTERN

Papageienfüttern und die „Ballettshow" einer Schar Flamingos (dreimal täglich) sind im *Adastra Gardens, Zoo & Conversation Centre* in Nassau auf den Bahamas der Hit bei den Kids. In der Anlage gibt es auch einen Streichelzoo.

➤ S. 112, Bahamas

BEST OF

TYPISCH

DAS ERLEBST DU NUR HIER

OLDTIMER IN HAVANNA

In Kubas museumsreifen Straßenkreuzern aus der Zeit vor der Revolution macht Sightseeing doppelt Spaß. Chromblitzend und frisch poliert warten sie z. B. am Parque Central in Havanna auf dich (Foto).

➤ S. 42, Kuba

REGGAE-FESTIVAL

Auf dem *Reggae Sumfest* Mitte Juli in Montego Bay treten Reggae-Stars aus der ganzen Welt auf. Ganz Jamaika ist dann im Reggae-Rausch.

➤ S. 143, Feste & Events

EDLE STEINE

Typische Mitbringsel aus der Dominikanischen Republik sind Bernstein und Larimar. Der dominikanische Bernstein beeindruckt durch seine Klarheit und häufigen Einschlüsse, der Larimar mit seiner schönen hellblauen Farbe und heilenden Wirkung.

➤ S. 31, Shoppen & Stöbern

SÜSSER ABSACKER

Der Kokosnuss-Rum-Cocktail *Piña Colada* hat zwar längst die ganze Karibik erobert, aber seine Heimat ist Puerto Rico. Den besten gibt's im *Barrachina* in San Juan.

➤ S. 98, Puerto Rico

SCHILDKRÖTEN-ZUCHT

Früher dienten die grünen Schildkröten den Piraten auf den Cayman Islands als sichere Nahrungsquelle und waren bald fast ausgestorben. Heute werden sie im schönen Themenpark der *Cayman Turtle Centre* gezüchtet.

➤ S. 60, Cayman Islands

IM ROSA SAND AALEN

Den feinsten Sand, heißt es, haben die Bahamas. Und der *Pink Sands Beach* auf Eleuthera schimmert dazu noch durch die Abschürfungen der hier heimischen pinkfarbenen Korallen in pastelligem Pink – ein Traum!

➤ S. 118, Bahamas

SO TICKT DIE KARIBIK

Die berühmten schwimmenden Schweine der Bahamasinsel Big Major

ENTDECKE DIE GROSSEN ANTILLEN

Bunte Fassaden, leckere Fischgerichte: Restaurants im dominikanischen Las Terrenas

Türkis schimmernde Gewässer und von Palmen gesäumte weiße Strände, eine aus den verschiedensten Winkeln der Welt zusammengewürfelte Bevölkerung mit ansteckender Lebenslust und Sinnlichkeit – all das haben die Großen Antillen, die Bahamas und die Cayman Islands gemein.

VON DER SKLAVEREI ZUM TOURISMUS

Kolonialbauten und Festungen erinnern an Eroberer aus Spanien, an Piraten und Siedler aus England oder Frankreich. Europa ist allgegenwärtig, mitsamt seiner Altlasten wie der Ausrottung der Ureinwohner und der Sklaverei – und doch so fern, seit aus den ehemaligen Kolonien fast vollständig unabhängige Staaten wurden. Stolz auf ihre eigene junge Geschichte wurden sie selbstbewusste Gastgeber, für die der Tourismus eine der wichtigsten Einnahmequellen ist.

ab 1000 v. Chr.
Erste Siedler: Arawaken und Kariben aus Südamerika

1492–94
Kolumbus nimmt die Antillen für Spanien in Besitz

1629–48
England annektiert die Bahamas

17.–18. Jh.
Piraten aus Europa vertreiben vielerorts die Spanier

1775–83
Geburt der USA, Englandtreue flüchten auf die Bahamas

1798–1804
Sklavenrevolte im Westen Hispaniolas, Gründung Haitis

VÖLKER AUS VIELEN VÖLKERN

Den alten Slogan Jamaikas „Out of Many, One People" kannst du praktisch für alle Inseln anwenden: Die Menschen, die du auf all diesen Inseln triffst, sind ein buntes Völkergemisch aus den Nachfahren afrikanischer Sklaven, von Einwanderern aus fast allen Ländern Europas, chinesischer, indischer und arabischer Geschäftsleute, von Süd- und Nordamerikanern und – nicht zu vergessen – auch noch der Ureinwohner, den Taíno, wie DNA-Analysen auf Puerto Rico belegten.

Religiöse, soziale, kulturelle oder politische Barrieren sind selten. Vielmehr respektiert man sich, und die Menschen aus ursprünglich unterschiedlichen Kulturen passen sich an, zumindest sprachlich: Der chinesische Händler spricht genauso Patois, die melodiöse Sprache Jamaikas, wie der seine Dreadlocks schüttelnde DJ oder die indische Krankenschwester. Viele Muslime gehen in die Kirche, wenn es keine Moschee gibt: Gottesdienst ist eben Gottesdienst. Gerade auf den englischsprachigen Inseln ist oft eine heitere Frömmigkeit anzutreffen. Drohende Moralpredigten des Pastors wechseln sich dort mit gut gelauntem Gospelgesang der Gemeinde ab – eher eine Party als eine ehrfürchtige Andacht.

Bei aller Vielfalt kannst du die Region grob in zwei ziemlich gegensätzliche Pole unterteilen: den englischsprachigen, in dem du protestantischer Ordnung und Gesetzestreue begegnest und den spanischsprachigen (vom französischen auf Haiti einmal abgesehen), wo es chaotischer zugeht und Gesetze oft nur auf dem Papier stehen.

1814/15 Verträge von Paris: Kuba, Puerto Rico und der Osten Hispaniolas bleiben spanisch, Jamaika und die Cayman Islands britisch

1834–63 Briten, Franzosen und Holländer heben die Sklaverei auf

1898 Puerto Rico und Kuba gehen von Spanien an die USA

1959 Sieg von Fidel Castros Revolution auf Kuba

2017–2021 Verschärfte US-Sanktionen für Kuba; Rücktritt von Raúl Castro im April 2021

SO ÄHNLICH UND DOCH SO ANDERS

Geologisch sind die vier Großen Antillen Kuba, Hispaniola (die Insel, die in Haiti und die Dominikanische Republik geteilt ist), Jamaika und Puerto Rico verbunden mit dem nordamerikanischen Kordillerensystem. Tiefe Unterseegräben fallen vor Puerto Rico und den Cayman Inseln ab. Ein ständiger Nordost-Passat bringt allen Regen im Norden und im Süden hinter der Wetterscheide der Gebirge Trockenheit. Freu dich also auf höchst abwechslungsreiche Natur mit Regenwäldern voller Wasserfälle, salzigen Seen mit Flamingos und sogar Wanderdünen (Dominikanische Republik) und Flüssen, in denen noch wilde Krokodile leben wie auf Jamaika.

Neben ihren geologisch alten Gebirgen besitzen die Inseln auch beeindruckende Kalksteinformationen, mal in Form gigantischer Kalkstöcke wie bei den Mogotes auf Kuba, in Kegelform wie im dominikanischen Nationalpark Los Haitises oder als Gebirge voller Höhlen wie im Herzen Puerto Ricos. In den Gebirgen, vor allem im höchsten in der Dominikanischen Republik, durchwanderst du mehrere Höhenstufen und es kann in den höchsten Lagen nachts richtig kalt werden.

ANANAS- & ZUCKERROHRFELDER

In Puerto Rico zieht sich die Cordillera Central in einer Berg- und Taltour quer durch die Insel. Entlang ihrem Rücken liegen moosbewachsene Hügel, Urwald breitet sich an manchen Stellen aus, tiefe Schluchten lassen grandiose Blicke auf das Meer zu. Mit dem El Yunque Rain Forest besitzt Puerto Rico den einzigen tropischen Regenwald der USA. Auf den weiten Ebenen im Tal prägen Ananasfelder das Landschaftsbild. Jamaikas Hinterland wird beherrscht von der zerklüfteten Cockpit Country und dem großteils bewaldeten Gebirgsmassiv Blue Mountains. Zuckerplantagen und Bananenhaine ziehen sich entlang der hügeligen Ebenen Richtung Küste.

Nur die Cayman Islands und die Inseln der Bahamas sind vollkommen flach und haben ein arides Klima. Hier wachsen Kakteen und Dornsträucher und Mangrovensümpfe säumen die Küsten. Die Naturschätze beider Inselfamilien liegen eher unter Wasser: mit prächtigen Korallenriffen und von Fischen umschwärmten Schiffswracks.

GUTE-LAUNE-WETTER

Die Passatwinde halten das subtropische Klima überall auf angenehmen 28–29° C – kein Wunder, dass die Menschen auf den Großen Antillen in fast jeder Lebenslage guter Laune sind, Musik machen und viel feiern. Und es gibt keinen Winter, dafür eine Regenzeit. Die dauert von Sommer bis Herbst, aber keine Sorge: Wenn es regnet, sind es meist kurze Schauer bei gleich bleibend warmen Temperaturen– also eher eine Erfrischung als ein Ärgernis. Während dieser Zeit streifen allerdings auch immer wieder Hurrikans auf ihrem Weg Richtung Mittel- oder Nordamerika die Inseln.

AUF EINEN BLICK

24,2 JAHRE
Altersdurchschnitt auf Jamaika

Deutschland: 47,1 Jahre

54 %
der 3,85 Mio. registrierten Fahrzeuge in der Dominikanischen Republik sind Mopeds.

4214 €
durchschnittliches Jahreseinkommen in Jamaika

Bahamas: 25.821 €

109.884 km²
Fläche von Kuba (damit größte Insel)

Puerto Rico: 8.959 km²

HÖCHSTER BERG: PICO DUARTE
3.087 M
in der Dominikanischen Republik

KÄLTESTER MONAT
JANUAR
24°C
AUF DEN BAHAMAS

BELIEBTESTER REISEMONAT FÜR JAMAIKA
DEZEMBER

DIE KLEINSTE HAUPTSTADT IST GEORGE TOWN AUF GRAND CAYMAN MIT 28.836 EW.

Havanna: 2.13 Mio. Ew.

6 MIO.
Urlauber besuchen jährlich die Dominikanikanische Republik

UNABHÄNGIGKEIT:
Haiti seit 1804
Bahamas seit 1973

239 EINWOHNER HAT PUERTO RICO PRO KM²
Deutschland: 237

DIE GROSSEN ANTILLEN VERSTEHEN

FATALER VORSCHLAG

„... sie waren uns derart zugetan, dass es ein Wunder war", soll Christoph Kolumbus 1492 bei seiner ersten Begegnung mit den Ureinwohnern auf den heutigen Bahamas geschwärmt haben. Es waren Taíno vom friedlichen Stamm der Arawak, die Kolumbus „Indianer" nannte, weil er sich in Indien glaubte. Sie bevölkerten damals alle Großen Antillen. Freiwillig führten sie die nach Goldfunden hungernden Spanier nach Kuba und Hispaniola, wo sie dann das Fürchten vor den Fremden lernten. Ihre Führungselite wurde systematisch ausgelöscht, das Volk versklavt. Tausende Taíno starben an eingeschleppten Krankheiten, Folter oder Erschöpfung, dass es selbst manchen Spanier grauste. Geschockt setzte sich der Priester Bartolomé Las Casas für den Schutz der Ureinwohner ein und schlug vor, künftig anstatt der „Indianer" Afrikaner für die Sklavenarbeit einzusetzen. 1518 ankerte das erste Sklavenschiff vor Hispaniola. Bis 1870 wurden über 15 Mio. Afrikaner in die Neue Welt verschleppt.

LEBENDIGES ERBE

Wusstest du, dass wir vieles von Ureinwohnern der Karibik übernommen haben? So sah Kolumbus auf Kuba das erste Mal wie die Taíno Tabak rauchten. Neben Tabak brachten die Eroberer so manches mehr von den Großen Antillen mit nach Europa: köstliche Früchte wie Ananas und Avacado, Tomate und Kakao. Außerdem ein äußerst praktisches Netz, das du zum Schlafen zwischen zwei Bäume spannen kannst, die Hängematte oder *hamaca*.

WEISSES GOLD

Heute unvorstellbar, aber es gab tatsächlich Zeiten, in denen ganz Europa seinen Zuckerbedarf in der Karibik stillte. Ernte und Verarbeitung zu Zucker oder Rum besorgten Sklaven aus Afrika, der Zuckermühlenbesitzer strich den Gewinn ein. Die ältesten Zuckermühlen-Ruinen kannst du dir am Stadtrand von Santo Domingo in der Dominikanischen Republik anschauen. Umsatzstärkster Zuckerproduzent wurde bald der Westen Hispaniolas, damals noch das französische Sainte-Domingue. Im Jahr der französischen Revolution arbeiteten dort 465 429 Sklaven für nur 30 826 französische Kolonialherren. Nach den Sklavenrevolten, die zur Geburt Haitis führten, wurde Kuba führender Zuckerlieferant. In Trinidad kannst du noch einen riesigen Wachturm anschauen, von dem aus die Sklaven auf den Feldern kontrolliert wurden. Erst der Anbau von Zuckerrüben in Europa brachte die Wende.

ARMENHAUS DER KARIBIK

Haiti war der erste unabhängige Staat in der Karibik. Während auf Kuba, Jamaika oder in Puerto Rico noch europäische Kolonialherren herrschten, ließen sich in Haiti ehemalige Sklaven zu Königen krönen und kopierten das Herrschaftssystem ihrer früheren Unterdrücker. Widerwillig wurde der Staat von den europäischen Mächten anerkannt, von Frankreich erst gegen extrem hohe Reparationszahlungen. Was als großartiger Sieg gegen die weißen Unterdrücker begonnen hatte, mündete für Haiti in Isolation und Armut. Zur Ausbeutung durch Gewaltherrscher kamen Naturkatastrophen, zuletzt das Erdbeben von 2010, bei dem 316 000 Menschen starben und fast 2 Mio. Menschen obdachlos wurden. Heute leben 75 Prozent aller Haitianer unter der absoluten Armutsgrenze. Der im Juli 2021 ermordete Präsident Jovenel Moïse hoffte, mit Tourismus Geld ins Land zu holen. Die Sehenswürdigkeiten im Norden kannst du gut von der Dominikanischen Republik aus erreichen. Aber informier dich unbedingt vor der Reise über die Sichheitslage (z.B. *auswaertiges-amt.de*).

TRAUMATISIERT IN DIE GEGENWART

In der jüngeren Vergangenheit der Großen Antillen gibt es einige Namen, die den Bewohnern der Inseln noch heute kalte Schauer den Rücken hinunterlaufen lassen. Die Dominikanische Republik, Haiti und Kuba haben unter Diktatoren gelitten, wie sie die Welt nur selten gekannt hat: Fulgencio E. Batista auf Kuba, Rafael Leonidas Trujillo y Molina in der Dominikanischen Republik und die Duvaliers – „Papa Doc" und „Baby Doc" – auf Haiti herrschten über ihre Völker mit Gewalt, Unterdrückung und Folter, ihre Regierungen zeichneten sich durch Korruption und Verschwendung aus. Freiwillig verließen sie den Präsidentenstuhl nie, sie wurden entweder durch Revo-

Richtig old school wie auf Kuba mancherorts noch Zuckerrohrtsaft gepresst wird

Im Voodoo-Trance soll Kontakt mit der Geisterwelt aufgenommen werden

lutionen aus dem Land gejagt oder fielen Attentaten zum Opfer. Vergessen hat man sie aber bis heute nicht.

GÖTTER AFRIKAS

Im Kuba haben afrikanische Götter seit der Einführung des Kommunismus Konjunktur: Mit Hingabe werden dort Kulte wie die *Santería* praktiziert, meist in Verbindung mit christlichen Heiligen; in den Museen kannst du die Farben und Vorlieben ihrer *Orishas* (Götter) kennenlernen, z.B. von *yemaja* (blau, steht für Meer, Geburt und Tod) oder *changó* (rot, eine Art Kriegsgott). In Haiti blieben 90 Prozent der Bevölkerung seit der Unabhängigkeit 1804 im aus Westafrika stammenden Vodou und seiner höchst komplexen Götterwelt verhaftet. Vodou-Shows, inklusive Opferung eines Huhns und von Göttern „besessenen" ekstatischen Tänzern, gehören bei organisierten Ausflügen nach Haiti oft zum Programm.

ROOTS & RASTAS

Dass die Menschen auf Jamaika besonders stolz auf ihre Hautfarbe sind, ist zu einem großen Teil Verdienst der Back-to-Afrika-Bewegung des jamaikanischen Politikers Marcus Garvey (1887–1949), der es sogar vermied, mit Weißen zusammen zu arbeiten. Als sich 1930 in Äthopien der christliche Fürstensohn Ras Tafari Makonnen (1892–1975) zum Kaiser von Abessinien krönen ließ, sahen viele Jamaikaner seine Vision von einer Weltgemeinde unter einem schwarzen König bestätigt. Damals entstand die Bewegung der Rastafaris, die ihn bis heute wie einen Messias verehren. Mit ihren verfilzten langen Dreadlocks wollen sie sich von den weißen „Unterdrückern" abgrenzen und ihre Naturverbundenheit zeigen; sie lehnen Alkohol und Tabak ab und nutzen gern Cannabis zum Meditieren. Der Begriff „Babylon" fasst für sie alles Weltliche, Verdorbene und Sündige zusammen, den Staat und die etablierte Kirche, kurz alles und jeden, das oder der nicht dem allein selig machenden Glauben an Haile Selassie Ras Tafari, den „Löwen von Juda" und einstigen Kaiser von Äthiopien, angehört.

MITREISSENDE RHYTHMEN

Musik liegt den Bewohnern der Karibik im Blut. Ihre von indianischen wie afrikanischen Elementen beeinflussten Rhythmen und Tänze eroberten die ganze Welt. Aus der Dominikanischen Republik kommen der flotte Merengue und die eher schwermütige, balladenartige Bachata. Weltweit bekannt gemacht hat beide Rhythmen Jean Luis Guerra (*1957 in Santo Domingo). Aus Puerto Rico stammt die Salsa. Und aus Kuba kommen die Rumba, der Cha-Cha-Cha und der durch den Film „Buena Vista Social Club" von Ry Cooper und Wim Wenders bekannt gewordene Son. Jamaika ist die Heimat des durch Bob Marley (1945–1981) weltberühmt gewordenen Reggaes und härterer Rhytmen wie Reggaeton und Dancehall. Für die Dancehall-Partys werden riesige Soundsysteme in Kneipen oder Straßen aufgebaut und DJs verwandeln die Musik mit ihren spontanen Wortspielen, Breaks und Rewinds in ein wahres Tongewitter.

PROVIANT DER PIRATEN

Zahlreiche „Islas de Tortugas", zu deutsch „Schildkröteninseln", erinnern in der Karibik heute noch namentlich an die rauen Piratenzeiten, als Proviant knapp war und vor allem

KLISCHEE KISTE

ALLES ALL-INCLUSIVE

Meidest du die Karibik, weil du keine Lust auf Pauschalurlaub in einem All-Inclusive-Hotel und ein Plastikband am Arm hast? Zugegeben, die All-Inclusive-Hotel-Idee kommt aus Jamaika und beherrscht heute – neben Teilen Jamaikas – vor allem Punta Cana in der Dominikanischen Republik und die Cayos Santa María, Coco und Guillermo auf Kuba. Aber es geht auch anders, vorausgesetzt du kannst dich im Land gut verständigen, ob auf spanisch oder englisch. Überall wirst du über die einschlägigen Buchungsportale günstige Quartiere und nette Gastgeber finden, die dir auch noch mit ihren Ortskenntnissen hilfreiche Insidertipps geben können.

NO PROBLEM?

„Hey man, sieh's doch mal locker, schließlich sind wir in der Karibik!" So denkst du vielleicht, weißt alles besser oder machst die Mädels an – bist ja weit weg von zuhause. Schließlich sagt hier ja auch jeder „no problem" oder „no hay problema". Richtig. Aber manchmal will der Gastgeber nur nicht unhöflich sein – selbst wenn dein Verhalten insgeheim am Ego kratzt. Unterschätze die Empfindlichkeit deiner Gastgeber nicht. Nicht alles ist, wie es scheint.

die wildlebende grüne Meeresschildkröte (auch Suppenschildkröte genannt) willkommene Nahrung für die Mannschaften war. Auch die eher kargen Cayman Islands hießen früher einmal „Schildkröteninsel", auch sie waren ein Schlupfwinkel für Piraten, nicht zuletzt wegen der dort früher zahlreichen Brutplätze der grünen Meeresschildkröte. Inzwischen ging ihr Bestand um 80 Prozent zurück und das Washingtoner Artenschutzabkommen stellte sie unter Naturschutz. Die Cayman Islands aber wussten sich zu helfen: Dort werden die Tiere inzwischen in so großer Zahl gezüchtet, dass ein Teil zum Erhalt der Spezies ausgewildert werden kann.

KOLIBRI & CO.

Abgesehen von den Spitzkrokodilen auf Jamaika und in der Dominikanischen Republik, die fast 5 m lang werden können, hast du auf den Großen Antillen keine großen Tiere zu befürchten, auch keine giftigen Schlangen. Vor allem auf Jamaika schwirren viele Kolibris von Blüte zu Blüte, in den Wäldern leben seltene Papageienarten wie die Puerto-Rico-Amazone oder der dominikanische La Cotica. In den Sumpfgebieten und Lagunen kannst du Flamingos, Reiher und andere Wasservogelarten und Wasserschildkröten beobachten. Am häufigsten siehst du Leguane, darunter so stolze Hornträger wie den dominikanischen Nashornleguan. Zu den Landsäugetieren gehören eher die kleineren Spezies wie Fledermäuse, Mungos (in Jamaika) und Baumratten. Die größte Vielfalt erwartet dich überall unter Wasser und vor der Küste: Korallenriffe bieten Lebensraum für die unterschiedlichsten Tropenfische. Buckelwale kommen im Winter in die dominikanische Samaná-Bucht zur Paarung. Und mit viel Glück kannst du in stillen Buchten noch Manatís (Seekühe) sehen.

BLÜHENDE NATUR

Leuchtend rote Flamboyantbäume in den Dörfern, gelbe und violette Bougainvilleen an den Balkonen, Frangipani (Westindischer Jasmin) und Hibiskus in den Gärten sind die blühenden und duftenden Wahrzeichen der Karibik – neben den Königspalmen (z. B. auf Kuba) und der Kokospalme (z. B. auf der dominikanischen Halbinsel Samaná). In den Regenwäldern der Inseln findest du Farne, Bromelien, Palmen, Philodendren, Bambus, Orchideen und Epiphyten – Pflanzen, die auf anderen Pflanzen wachsen, sich aber selbstständig ernähren. Spitzenprodukte aus der Landwirtschaft sind der Kaffee aus Jamaika, Bio-Kakao aus der Dominikanischen Republik, Zucker, Tabak und Zitrusfrüchte aus Kuba, Ananas aus Puerto Rico. Überall bekommst du verschiedene Bananensorten, auf Jamaika verbreitet ist der als Sklavennahrung eingeführte Brotfruchtbaum. Und überall kannst du köstliche Gewürze wie Muskat, Ingwer, Nelken, Zimt, Chili, und Tamarinde kaufen. Der nationale Baum auf den Cayman Islands ist die widerstandsfähige kleinwüchsige Silberpalme. Auf steinigen Böden gedeiht auch der Machinel-Baum, dessen Früchte wie kleine Äpfel aussehen.

INSIDER-TIPP
Such dir einen anderen Regenschutz

Bei Regen sondert er starke Giftstoffe ab, also nicht unterstellen!

BAUMEISTER DER RIFFE

Es sind sehr kleine Tierchen, aus denen die großen Riffe entstehen, die höchstens einen Zentimeter langen Korallenpolypen. Aus ihren Kalkskeletten entstehen Schicht für Schicht die größten von Lebewesen geschaffenen Bauwerke der Erde, vorausgesetzt die Wassertemperaturen betragen konstant zwischen 20 und 30° C, es gibt viel Licht und vor allem Zeit. Im Jahr wachsen die Formationen durch Kalkablagerungen der Polypen durchschnittlich nur einen Zentimeter. Eindrucksvolle Korallenriffe findest du z. B. vor der Ostküste der Insel Andros auf den Bahamas oder vor der Nordküste Kubas.

LEBKUCHEN-HÄUSCHEN, ARKADEN & SÄULEN

Wo die Natur so üppig blüht und gedeiht wie in der Karibik, will der Mensch sie entweder imitieren oder übertreffen. Die „Gingerbreadhouses" (Lebkuchenhäuschen) wie du sie auf den englisch-, französisch- oder spanischsprachigen Inseln finden kannst, sind fast so schön wie die Natur: Hütten aus Holz, in sanften Pastellfarben gestrichen und auf dem Dach geschmückt mit wie Spitze geschnitzten Bordüren. Für die Residenzen der Kolonialherren in Havanna, Santo Domingo oder San Juan musste natürlich mehr Prunk her: Stadtpalazzi im spanischen Stil des 16. und 17. Jhs., mit kunstvoll verzierten Arkaden, Säulen, Balkonen und verwunschenen Innenhöfen. Und die Ureinwohner? Sie lebten in mit Palmblättern gedeckten Hütten, den Bohios. Die gibt es heute nur noch als Strandbars für Touristen.

DOMINO & LIMBO

Wenn die Latte immer tiefer gelegt wird, dann wird's echt schwierig: Limbotanzen ist eine Kunst der Jamaikaner, für die du gelenkig und fit sein musst. Mit weit zurückgelegtem Oberkörper winden sich die Tänzer unter einer Latte hindurch, die nach jedem Durchgang etwas tiefer gelegt wird. Der Tanz geht ursprünglich auf alte Rituale zurück, die ihre Wurzeln in Afrika haben. Stilecht wird dazu auf Steeltrommeln gespielt. Überall in der Karibik ein Volkssport ist das Dominospiel. Du kannst es vor den Hausgängen, in den Parks und vor dörflichen Läden beobachten.

Faszinierende Farben- und Formenwelt: Korallenrvielfalt im karibischen Meer

ESSEN SHOPPEN SPORT

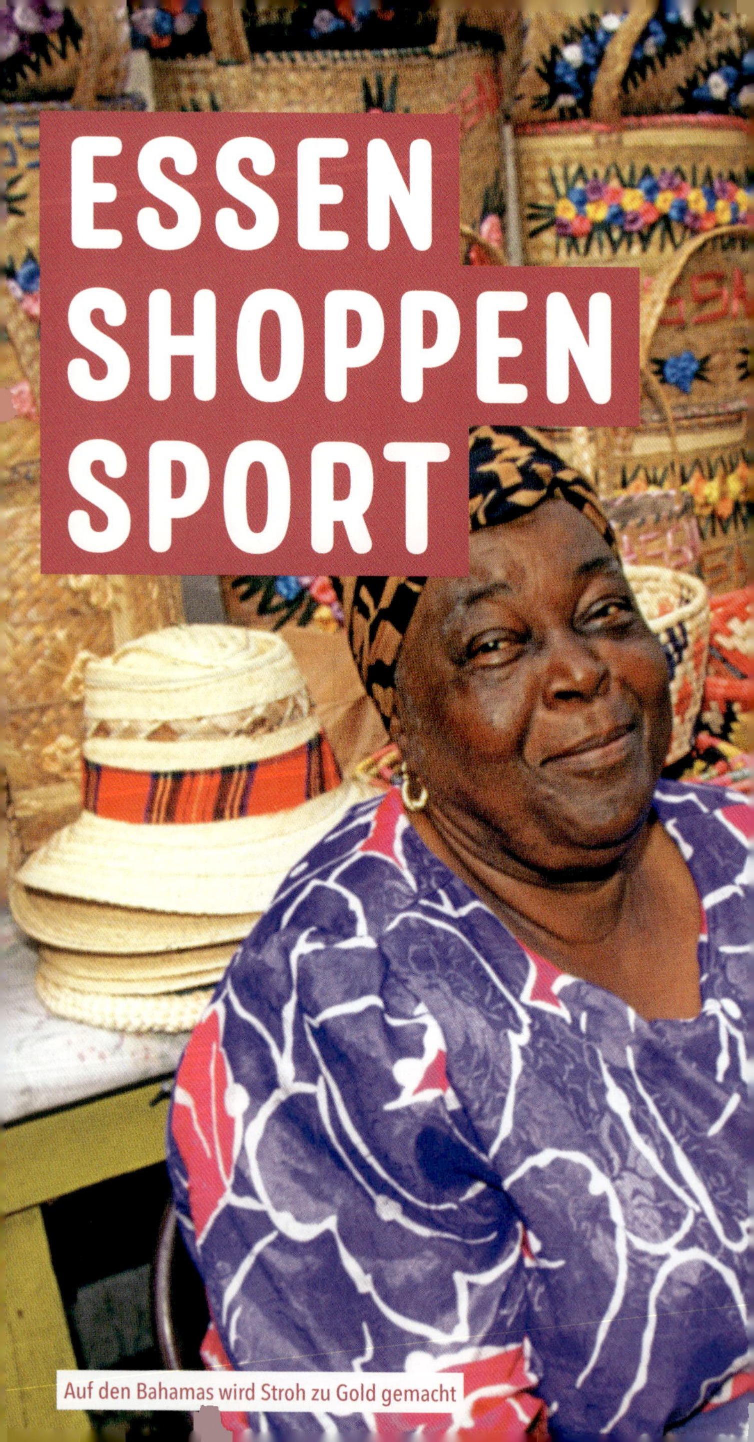

Auf den Bahamas wird Stroh zu Gold gemacht

ESSEN & TRINKEN

Sehen wir mal in die Töpfe und auf den Grill: Da gibt's rosarote Seebarben, gekocht in Kokosmilch, Langusten und andere köstliche Meeresfrüchte. Scharfe Currys, mit Pökelfleisch oder Stockfisch, gefüllte Teigtaschen oder honigglasierte Grillhähnchen, kräftig gewürztes *jerk chicken* und dazu Reis, Yams oder Kochbananen.

VIELFÄLTIGE KÜCHE

So unterschiedlich wie ihre Bewohner, so unterschiedlich sind auch die Rezepte und Zutaten in der karibischen Küche. Die ganze Vielfalt zeigt sich vor allen in den Städten, wo du – wie überall in der Welt – die besten Restaurants findest. Daneben wimmelt es vor allem in den einschlägigen Bummelstraßen der Dominikanischen Republik und auf Puerto Rico von den angesagtesten Fastfood-Anbietern *made in USA*.

FRISCHES AUS DEM MEER

Oft bringen Fischer frische zarte weißfleischige Proteinträger fangfrisch ins Restaurant, köstliche Fische, Langusten oder Langustinos oder Conch-Muschelfleisch, das (nicht nur) die Bahamesen als Aphrodisiaka so lieben. Meeresfrüchte stehen fast überall auf den Speisekarten, oft lecker im Aromabett exotischer Gewürze oder einfach nur mit Butter zubereitet. Von März bis Juni ist der Verkauf von Langusten allerdings illegal. Also Finger weg! Bei Fischen besteht zudem die Gefahr, dass sie giftige Algen fraßen und du vor allem beim Verzehr größerer Tiere die sogenannte Ciguatera-Krankheit bekommst, eine Art Fischvergiftung. Typische Symptome sind Kälteempfinden in der Wärme und Kribbeln an Händen und Fußsohlen. Dann viel trinken, um das Gift schnell herauszuspülen, oder gleich zum Arzt gehen!

Erst frischen Fisch und dann für einen Rumcocktail an die Bar

GEWÜRZE & GEMÜSE

Als Beilagen gibt es tropische Gemüse- und Obstarten wie die grüne Kochbanane, als Püree oder frittiert, oder die Brotfrucht vom gleichnamigen Baum, der einst als kleiner Setzling die Meuterei auf der Bounty auslöste und dann als Nahrungsquelle für die Sklaven in die Karibik eingeführt wurde. In Suppen schwimmen oft Cassava- und Yams Stücke aus der Küche der Ureinwohner. Alles wird gern kräftig gewürzt mit duftenden und scharfen Ingredienzen wie Chili, Knoblauch, Paprika, Ingwer, Muskat oder Piment, Kreuzkümmel und Cilantro, wie frischer Koriander hier genannt wird.

KLASSIKER & KÖNNER

Dass viele Köche den Brei verdürben, gilt für die Karibik nicht. Kräftig schmeckt die Kolonialgeschichte durch, die spanische z. B. beim Sancocho-Eintopf in der Dominikanischen Republik oder dem Paella-ähnlichen üppigen asapao auf Puerto Rico, die englische beim Brunch mit pies und cakes auf Jamaika. Beliebte kubanische Gerichte sind moros y cristianos (Mohren und Christen), ein Reisgemisch mit Bohnen, und der Rinderhackbraten picadillo. Jamaikas „Nationalgerichte" sind saltfish with ackee und, für zwischendurch, patties. Typisch für die Cayman Islands: Wo Schildkröten gezüchtet werden, kommt ihr Fleisch als Suppe oder Steak auf dem Teller.

Niemand aber nutzte die lokalen Geschenke der Natur, von der Ananas bis zur Papaya, so souverän wie die tropenerfahrenen Afrikaner. Sie wussten auch die Kokosnuss zu nehmen: ihre Milch für Suppen und zum Schmoren, das Fleisch für unglaublich süße Naschereien. Dabei griffen sie altindianische Zubereitungsarten auf wie das Pökeln von Fleisch mit dem Saft der

Mojito: einer der vielen Rum-Cocktails

Chili-Schote. Und brachten eigene mit: Das Jerk Food, marinierte Hühnchen- oder Schweinefleischteile, wie es in der Boston Bay auf Jamaika auf glühendem Pimentholz in einer Erdmulde geröstet wird, lässt sich vom Ursprung her bis nach Westafrika zurückverfolgen.

SÜSSES ZUM NACHTISCH

Wenn du Süßes magst, solltest du auf den Bahamas guava duff (Pudding aus Guaven mit Rumsauce) oder coconut jimmy (süße Klöße in Kokossauce) bestellen. In der Dominikanischen Republik werden als Dessert gerne chacá, eine Süßspeise aus Kokosnuss, Mais, Milch, Zucker und Zimt, oder habichuelas con dulce, ein süßer Nachtisch aus Bohnen, gegessen. Und auf Jamaika lasst man sich den Rum-Kuchen schmecken.

SÄFTE & BIERE

Vitaminreiche Durstlöscher sind überall frisch gepresste Fruchtsäfte. Auch Bier bekommst du überall, z. B. auf Jamaika das gute Red Stripe, auf Kuba das Bucanereo oder Cristal und in der Dominikanischen Republik das Presidente. Auf den Bahamas kannst du dich mit Kalik Beer erfrischen. Und nicht vergessen: Überall gibt es noch die tollen Cocktails!

KÖSTLICHE COCKTAILS

Ob Daiquirí oder Mojito, Planters Punch oder Piña Colada in der Kokosnuss, Bloody Mary und Bahama Mama – ein Karibikurlaub beginnt mit einem Cocktail. Dass er schnell zum betörenden Zaubertrunk werden kann, dafür sorgen Liköre wie Jamaikas Tia Maria, vor allem aber der Rum, diese durchsichtig klare bis goldbraune urkaribische Essenz, die nach streng gehüteten Rezepten von den Rumdynastien auf Kuba, Puerto Rico, der Dominikanischen Republik und Jamaika aus Zuckerrohrmelasse gewonnen wird. Der helle wird zum Mixen verwendet, den braunen Añejo, den „Alten",sollfest du pur genießen. Gegessen wird übrigens überall gerne in Gesellschaft am Abend; das Frühstück beschränkt sich in den spanisch-sprachigen Ländern oft auf einen Toast und einen cafesito, einen Espresso mit viel Zucker. Dagegen liebt man es nur auf Jamaika morgens deftiger.

Unsere Empfehlung heute

Vorspeisen

CLAM/SEAFOOD CHOWDER
sämige Muschel-/Fischsuppe

CONCH FRITTERS
kross gebratene, scharf gewürzte Streifen der bahamaischen Meeresschnecken

FISH TEA
Fischsuppe

Hauptgerichte

ASOPAO
Reisgericht mit Fleisch, Fisch oder Meeresfrüchten (Puerto Rico)

LA BANDERA
dominikanischer Reiseintopf mit Bohnen und geschmortem Fleisch

ESCOVEITCH FISH
gebackener Fisch in einer säuerlicher Sauce (Jamaika)

JERK CHICKEN/JERK PORK
scharf gewürztes, gegrilltes Hähnchen- oder Schweinefleisch (Jamaika)

LOCRIO
dominikanisches Reisgericht mit Fleisch und Gemüse

ROPA VIEJA
faseriges Rindfleisch in würziger Sauce und Reis aus Kuba

RUNDOWN
in Kokosmilch gegartes, kräftig gewürztes Fischgericht aus Jamaika

SALTFISH WITH ACKEE
Stockfisch mit nach Rührei schmeckendem Gemüse aus Jamaika

SANCOCHO
dominikanischer Fleisch-Gemüse-Eintopf mit Kartoffeln und Mais

JOHNNY CAKE
ausgebackenes Teiggebäck (als Beilage); auf den Bahamas: süßes Maisbrot

Desserts

COCO RALLADO
in Sirup geraspelte Kokosnuss, mit Käse serviert (Dominikanische Republik)

DUCKUNOO
Süßspeise mit Kokosnuss und Gewürzen (Bahamas)

SHOPPEN & STÖBERN

KERAMIK & STROH

Wahre Fundgruben sind auf allen Inseln die Märkte. Auf den mercados de artesanías (Kunstgewerbemärkten) auf Kuba zaubern einfallsreiche Künstler besonders originelle Souvenirs wie etwa Miniatur-Oldtimer aus Getränkedosen. Der Hit auf den Märkten der Dominikanischen Republik sind mit Hölzern und Kräutern gefüllte Flaschen zur Herstellung des Nationalgetränks *Mama Juana*. Auf den craft markets Jamaikas findest du neben Rasta-Outfits wie Häkelmützen in Rot-Gelb-Grün auch feine Holzschnitzarbeiten, Gewürze, Saucen und Chutneys. Auf den Bahamas sind es die sogenannten straw markets, die heimische Produkte anbieten, so Gewürze, aus Stroh oder Palmblättern geflochtene Hüte und Taschen, Keramik oder die Batik-Kleider und -Hemden von der Insel Andros. Allerdings darfst du nicht alles nach Hause mitnehmen. Korallen und Conchs z. B. unterliegen dem Washingtoner Artenschutzabkommen und dürfen nicht nach Europa eingeführt werden.

INSIDER-TIPP
Gewusst, was geht

KAFFEE & KAKAO

Berühmt für seine Qualität ist der in Höhen zwischen 910 und 1700 m langsam zu großen Früchten reifende Blue-Mountain-Kaffee aus Jamaika. Die beste und teuerste Sorte ist der Blue Mountain No. 1; du bekommst ihn auf Jamaika etwa um die Hälfte billiger als in Deutschland. Was der Kaffee auf Jamaika, ist der Kakao in der Dominikanischen Republik. Hauptanbaugebiet ist die Region östlich von San Francisco de Macoris, wo es sogar eine Kakao-Straße gibt. Der beste kubanische Kakao stammt aus Baracoa; die dortige Schokolodenfabrik weihte noch Che Guevara ein.

Was darf's sein: edle Zigarren aus Kuba oder ein Strohhut von den Bahamas?

FLÜSSIGES GOLD

„And the rum is fine any time of year": Jede Insel hat ihre eigenen, mehr oder weniger bekannten Marken. Aus Puerto Rico stammt der Bacardí, aus der Dominikanischen Republik kommen Barceló, Bermúdez und Brugal, aus Kuba Havana Club, Caney und Ron Mulata, auf Jamaika wird Myer's gebrannt, aber immer gibt es weniger bekannte Destillate, die ein Probetrinken reich belohnen. Beim Kauf gilt: Je länger in Fässern gereift, umso teurer und dunkler die Farbe sowie feiner der Geschmack. Dann genießt du ihn am besten pur wie einen Cognac.

FEINE STEINE

Kein Markt und Souvenirladen in der Dominikanischen Republik, der nicht auch den schönen einheimischen blauen Larimarstein und klaren Bernstein in den unterschiedlichsten Formen und Fassungen anbietet. Bei teurem Bernstein schadet eine Echtheitsprobe nicht: Er sollte sich bei Reiben mit Naturmaterialen wie Baumwolle elektrostatisch aufladen und leicht nach Harz riechen.

GEROLLT UND GEDREHT

Zigarren aus Kuba sind Kultobjekte. Die berühmteste heißt Cohiba – 1964 von Fidel Castro nach dem Rauchritual der Ureinwohner benannt. Che Guevara rauchte hingegen lieber Montecristos Nr. 4. Die Zigarren müssen originalverpackt und mit holografischem Stempel versehen sein (ab 50 Zigarren außerdem noch Kaufbeleg im Original und in Kopie für den Zoll mitgeben lassen!).
Größter Konkurrent Kubas ist die Dominikanische Republik, beliebte Marken dort sind Arturo Fuente, León Jimines und Griffins. Jamaikas Spitzenzigarre heißt Royal Jamaica, sie ist besonders mild.

SPORT

Großartige Landschaften mit hohen Bergen, reißenden Flüssen und Wasserfällen und eine ungewöhnlich abwechslungsreiche Unterwasserwelt laden in der Karibik zu Multi-Aktivurlaub ein.

BIKING

Kuba mit dem Rad zu entdecken, gleicht einer Liebeserklärung an die Kubaner, für die das Fahrrad immer noch ein wichtiges Fortbewegungsmittel ist. Eine besonders schöne Strecke ist die Küstenstraße zwischen Trinidad und Cienfuegos.

Im Internet wimmelt es von Veranstaltern für mehrtägige Radtouren auf Kuba; aber du findest auch vor Ort Fahrradverleihe, v. a. in Havanna. In Viñales z. B. bieten viele Privatvermieter ihren Gästen auch Fahrräder an – einfach vor dem Buchen danach fragen! Im dominikanischen Santo Domingo und in San Juan gibt's Räder für Altstadtausflüge. Suchst du sportliche Herausforderungen, z. B. mit Mountainbikes, bist du in Cabarete und Las Terrenas (Dominikanische Republik) oder Negril und Ochos Rios (Jamaika) richtig.

INSIDER-TIPP
Zimmer mit Rad

CANYONING

Genau richtig für Adrenalinjunkies: Du seilst dich an steilen Wasserfallwänden wie dem Salto Jimenoa im dominikanischen Jarabacoa ab oder rutschst und springst von Wasserfallterrasse zu Wasserfallterrasse wie am Rio Damajagua *(27charcos.com)*.

Die spektakulären Flusscanyons auf Puerto Rico erschließen Veranstalter wie *Altura (alturapr.com)* oder *Tanama River Adventures (tanamariver adventures.com)* und die Flüsse Jamaikas z. B. *Chukka (mit Zipline, chukka.com)*.

Eine Schar Riffhaie umkreist furchtlose Taucher

KAJAKING

Wendig und leicht navigierst du mit dem Kajak über die Wasserstraßen von Mangrowenwäldern wie z. B. in der Umgebung von Varadero auf Kuba. Oder durch stille, nachts leuchtende (biolumineszente) Meeresbuchten wie auf Puerto Rico oder Grand Cayman *(caymankayaks.com)*. Oder einfach entlang der Küste. Leihmöglichkeiten findest du in vielen Ferienresorts und den meisten Wassersportzentren.

KITE- & WINDSURFEN

Die besten Winde, die meisten Kitesurf-Schulen und den schönsten Kitesurfer-Strand bietet dir Cabarete in der Dominikanischen Republik. Dort werden auch spektakuläre Meisterschaften ausgetragen. In Kuba trifft sich die Kitesurf-Szene auf Cayo Guillermo, auf Puerto Rico in San Juan *(windaddictionpr.com)* und auf den Bahamas in George Town auf den Exumas *(exumakitesurfing.com)* und in San Salvador; die besten Winde wehen im Januar und Februar sowie Juni und Juli.

Du willst lieber Windsurfen? Das kannst du in fast allen Ferienresorts auch lernen.

PARASAILING

Der luftige Spaß, von Booten acht bis zehn Minuten hoch in die Luft gezogen zu werden, gehört zu den karibischen Ferienzentren wie die Sunsettour mit dem Katamaran. Anbieter sind z. B. in Punta Cana (Dominikanische Republik) *Power Adventures (Facebook: Power Adventures)*, in Negril auf Jamaika *Premium Parasail (Facebook: Premium Parasail Jamaica)*, in Isla Verde (Puerto Rico) *Parasail Puerto Rico (parasailpuertorico.com)*, in Nassau auf den Bahamas *Parasail Bahamas (parasailbahamas.com)* und

Sieht nicht nach Flaute aus: kollektiver Segeltörn zu den vielen Inseln der Bahamas

am Seven Miles Beach auf Grand Cayman *Parasailing Professionals (parasailgrandcayman.com)*.

REITEN

In der Dominikanischen Republik geht es den Pferden richtig gut auf *Gabis Ranch (gabis-ranch.com)* in Laguna de Nisibón. Auf Puerto Rico erwarten dich „happy healthy horses" bei *Pintos R US (pintosrus.com)* in Rincón. Und auf Grand Cayman tragen speziell abgerichtete „Pampered Ponies" Kinder sicher durch die Gegend *(ponies.ky)*.

STAND UP PADDLING (SUP)

Die Trendsportart hat längst alle Inseln erreicht. Bei Audrey vom *Blossom Retreat* in Cabarete in der Dominikanischen Republik kannst du zur äußeren Balance auch die innere auf dem Brett trainieren *(blossomretreat.com)*.

INSIDER-TIPP
Kombination mit Yoga

RIVERRAFTING

Der Río Yaque del Norte in der Dominikanischen Republik rauscht bei Jarabacoa durch etliche gurgelnde Engpässe – ideal für die Raftingtouren der *Rancho Baiguate (ranchobaiguate.com)*. Nicht viel zahmer geht's bei *River Rapids (riverrapidsja.com)* auf Jamaikas Río Bueno und bei *Tanama River Adventures (tanamariveradventures.com)* in Puerto Rico zu.

SEGELN

Auf den Bahamas warten 700 Inseln (!) darauf, entdeckt zu werden. Yachten vermieten z. B. *Moorings (moorings.com)* in Marsh Harbour auf den Abacos. Kubas weniger bekannte südliche Inselwelt kannst du auch als Mitsegler bei *KHp-Yachtcharter (khp-yachtcharter.com)* kennenlernen. Katamaran-Ausflüge zum Sunset werden in fast aller Ferienzentren angeboten. In die Umgebung der Cayman Islands bringt dich *Sail Cayman (sailcayman.com)*.

TANZEN

Ob Son, Merengue oder Dancehall: Du könntest Tanzurlaub bereits zuhause buchen, z. B. in Santiago de Cuba bei *avenTOURa (aventoura.de/tanzreisen)*, *Sprachcaffe Reisen (Kuba, sprachcaffe-reisen.de)*, *Watch Mi Step (watchmistep.com/tanzreise-nach-jamaika)* oder *Applelanguages (applelanguages.de)* in Santo Domingo (mit Sprachkurs). Oder du gehst einfach vor Ort in ein Tanzstudio, z. B. in Varadero auf Kuba und nimmst ein paar Stunden.

TAUCHEN

Berühmt sind die Bahamas mit ihrem Tiefseecanyon „Tongue of the Ocean" vor Andros und dem warmen, artenreichen Golfstrom vor Bimini *(biminiundersea.net)*.

Topziele auf Kuba sind die Umgebung der All-Inclusive-Areale Cayo Coco und Cayo Guillermo (auch Jardines del Rey genannt), die Jardines de la Reina im Süden, Maria La Gorda und die Isla Juventud *(cuba-diving.de)*.

Die Dominikanische Republik trumpft mit Höhlen im Süden *(Boca Chica | caribbeandivers.de)* und im Norden mit Canyons, Grotten und Wällen *(Sosúa | divecenter-merlin.com)* auf.

In Negril auf Jamaika kannst du u. a. helfen, den Bestand des schädlichen Rotfeuerfisches einzudämmen *(dreamteamdiversjamaca.com)* und auf den Cayman Islands, wo der Meeresboden nach der Riffkante bis auf 7680 m abfällt, erwarten dich über 300 Tauchspots in lange schon geschützten Marineparks *(caymandiving.com)*.

INSIDER-TIPP
Kurs in Unterwasserfotografie

Bei den *San Juan Divers (sanjuandiver.com)* in Puerto Rico kannst du tauchen und auch gleich lernen, wie man gute Unterwasserfotos macht.

WANDERN

Die Gebirge der Großen Antillen sind voller spannender Trails. Einige überschreiten gleich mehrere Klimazonen – also warmes Zeug und Zeit mitbringen!

Für den Pico Duarte (3098 m) in der Dominikanischen Republik brauchst du mindestens drei Tage. In Puerto Rico bietet der El Yunque Rainforest schöne Wandermöglichkeiten, auf Jamaika locken die Blue Mountains und auf Kuba kannst du u. a. das ehemalige Hauptquartier der Rebellen in der Sierra Maestra „stürmen" oder die Naturschätze des Humboldt-Nationalparks entdecken.

DIE REGIONEN IM ÜBERBLICK

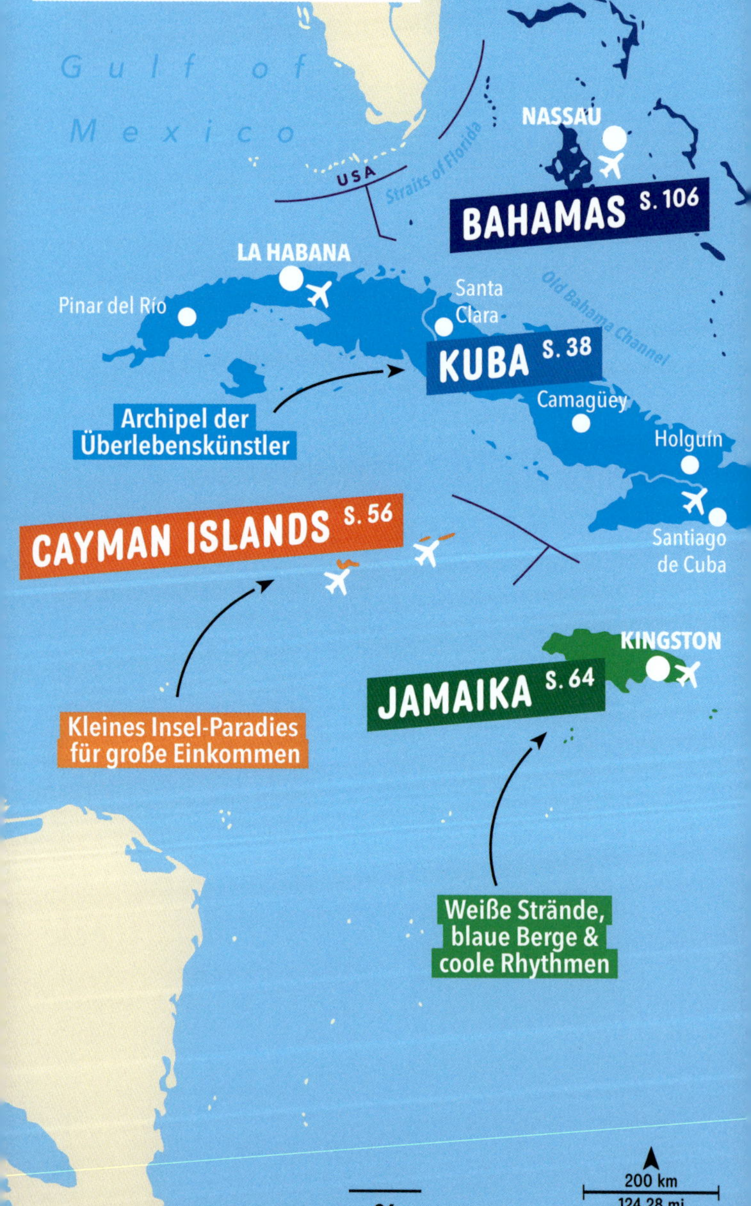

ATLANTIC
OCEAN
Inseln wie Sand am Meer
Vielseitig unter US-Flagge
Caicos Passage
TURKS AND CAICOS ISLANDS (U.K.)
PUERTO RICO
S. 92
HAÏTI
La Romana
SAN JUAN
Canal de la Mona
SANTO DOMINGO
Ponce
VIRGIN ISLANDS (U.S.)
DOMINIKANISCHE REPUBLIK
S. 76
Schöne Strände und der höchste Berg der Karibik
Caribbean Sea
Mar Carib

KUBA

ARCHIPEL DER ÜBERLEBENSKÜNSTLER

Wer Kuba nicht gesehen hat, der hat etwas versäumt. Du musst gar kein Alt-68er sein, kein ehemaliger Verehrer der einst siegreichen Revolutionäre um Fidel Castro, um das Besondere an der größten Insel der Karibik (109 884 km²) zu spüren.

Zum Beispiel die enorme Liebe der Kubaner zu ihrem so vielseitigen Land. Besonders stolz sind sie auf die Errungenschaften der Revolution: sei es, dass Studieren oder die medizinische Versorgung kostenlos sind. Einnahmequelle Nr. 1 ist heute der Tourismus – für den

Oldtimer-Taxis warten am Central in Havanna auf Kundschaft

Staat wie für die inzwischen zahllosen selbstständigen Restaurantbesitzer oder Anbieter von *Casas particulares* (Privatzimmern). Sie können das wertvolle Devisengeld CUC kassieren, während andere mit mageren staatlichen Peso-Löhnen auskommen müssen. Das schuf eine neue Ungleichheit, die Kuba ebenso belastet wie das noch immer bestehende US-Embargo. Nur echte Lebenskünstler wie die Kubaner können das wegstecken! Ausführlichere Informationen findest du im MARCO POLO „Kuba".

KUBA

MARCO POLO HIGHLIGHTS

★ **HABANA VIEJA**
Ein Unesco-Weltkulturgut voller Leben und Sehenswürdigkeiten ➤ S. 42

★ **TROPICANA**
Mitreißende Revue mit tollen Tänzern und Tänzerinnen ➤ S. 46

★ **VALLE DE VIÑALES**
Geheimnisvolle Kalksteinriesen auf roter Erde ➤ S. 47

★ **PLAYA DE VARADERO**
Badeort am längsten und breitesten Strand der Insel ➤ S. 49

★ **TRINIDAD**
Kolonialzeitliche Stadtpaläste und Highlife in alten Gassen ➤ S. 50

★ **MONUMENTO MEMORIAL CHE GUEVARA**
Pilgerstätte von Che-Fans aus der ganzen Welt ➤ S. 52

★ **CASA DE LA TROVA**
Legendärer Musikclub in Santiago de Cuba, der Heimat des Son ➤ S. 55

Nicholl's Town
Nassau
Governor's Harbour
Tarpum Bay
Exuma Sound
THE BAHAMAS
Clarence Town
Old Bahama Channel
Albert Town
9 Cayos Santa María
Cayo Coco
Chambas
CUBA
Morón
Ciego de Ávila
Playa de los Cocos
Sola
Céspedes
Nuevitas
10 Playa Santa Lucía
Camagüey
S. 53
Cascorro
CC
Las Tunas
Holguín
Cayo Mambí
Cauto Cristo
Cueto
Manzanillo
Contramaestre
11 Baracoa
Golfo de Guacanayabo
A1
Santiago de Cuba
S. 54
Guantánamo
Casa de la Trova
237 km, 3 Std. 50 Min.
Caribbean Sea
Jérémie
Anse d'Hainault
Montego Bay
Falmouth
Drax Hall
Annotto Bay
Negril
Petersfield
Port Antonio
Linstead
Santa Cruz
Kingston
Lyssons
JAMAICA
Jamaica Channel
100 km
62.14 mi

HAVANNA

(◫ B–C3) **Auf den ersten Blick präsentiert sich die Hauptstadt (ca. 2,5 Mio. Ew.) Kubas seit ihrem 500. Geburtstag am 16. November 2019 wie neu geboren. Aber in den maroden Seitenstraßen des Centro spürst du noch die Melancholie eines anscheinend nie endenden Überlebenskampfes.**

„San Cristóbal de la Habana" war von Beginn an ein bedeutender Warenumschlagplatz und Zwischenstopp für die zwischen Spanien und seinen Kolonien verkehrenden Schiffe. Ihr Reichtum war bis weit ins 18. Jh. hinein sprichwörtlich. Vom alten Glanz erzählen noch die alte Festung an der Einfahrt zur Bucht und die Altstadt, Unesco-Weltkulturgut seit 1982.

WOHIN ZUERST?

Vom **Parque Central** aus ist alles schnell erreicht: die Altstadt, der Prado und der Malecón. Außerdem stehen hier ⚑ Oldtimer zu Rundfahrten bereit *(50 CUC für 1 Std.)* und auch die Hop-on-hop-off-Busse für Stadtrundfahrten *(Tagesticket 10 CUC)* halten hier.

SIGHTSEEING

CASTILLO DE LOS TRES REYES DEL MORRO & FORTALEZA DE SAN CARLOS DE LA CABANA

Ein Festungsduo bewacht Havannas Einfahrt in die Hafenbucht: das von Antonnelli erbaute *Castillo de los Tres Reyes del Morro* (1589–1630) und die *Fortaleza de San Carlos de la Cabana* (1763–1774), wo jeden Abend zwischen 20 und 21 Uhr das *Cañonazo* (Kanonenzeremonie) stattfindet – früher das Signal für die Schließung der Stadttore. Ebenfalls auf dem Gelände: das *Museo Fortificaciones y Armas (alte Waffen | tgl. 10–22 Uhr | Eintritt 6, mit Cañonazo 8 CUC)* und Che Guevaras erstes Büro, die *Comandacia del Che (Mo–Sa 10–18, So 10–13 Uhr | Eintritt 4 CUC | alles ⏲ 2 Std.).*

HABANA VIEJA ★

Die Urzelle der Altstadt ist die *Plaza de Armas*. In der kleinen Kapelle *La Templete* siehst du eine schöne Darstellung der Gründungsmesse (1519). Das benachbarte *Museo de Navegación im Castillo La Real Fuerza* (1558) erzählt u. a. mit großen Schiffsmodellen und alten Münzen von der Zeit, als die spanischen Schatzschiffe aus den Kolonien vor ihrer Heimfahrt nach Spanien in Havanna überholt wurden. An der westlichen Breitseite siehst du den *Palacio de los Capitanes Generales* mit dem *Stadtmuseum (tgl. 9.30–18.30 Uhr | Eintritt 3 CUC | Tacón/O'Reilly | ⏲ 45 Min.)*; es ist reich an repräsentativen Räumen. Über die Calle O'Reilly kommst du direkt zur *Plaza de la Catedral* mit der *Catedral de San Cristóbal* (1748), die Paläste der mächtigsten Zuckerbarone flankieren. Und die Calle Mercaderes führt dich zur *Plaza vieja*, dem früheren Marktplatz, auf dem immer was los ist, vor allem in der *Taberna La Muralla (tgl. | Ecke Calle La Muralla | €–€€).*

Viel los auf der bunten Calle Obispo in Havannas Altstadt

INSIDER-TIPP
Blick aus der Vogelperspektive

Durch die *Camara oscura* im obersten Stockwerk des Eckgebäudes *Gómez Vila* (1909) kannst du dir den Platz in Echtzeitprojektion ansehen *(tgl. 9–17.30 Uhr | Eintritt 2 CUC | 30 Min.)*!

PRADO BIS PARQUE CENTRAL

Wo Havannas vierspuriger *Malecón* beginnt, steigt der Boulevard *El Prado* stadteinwärts hinauf zum *Parque Central*, der die Altstadt vom *Centro* trennt. Zur Linken flankiert ihn der ehemalige Präsidentenpalast (1920–60), heute das *Revolutionsmuseum (tgl. 9.30–16 Uhr | Eintritt 8, Führung 2 CUC | Calle Refugio 1 | 1 Std.)*; der Eingangsbereich ist Fidel Castro (1926–2016) gewidmet und hinterm Haus siehst du die Yacht „Granma", mit der die Rebellen 1956 im Osten Kubas landeten. Im nahen *Nationalmuseum der Schönen Künste (Di–Sa 10–17.30 Uhr | Eintritt 8 CUC | Calle Trocadero, zw. Calle Zulueta und Montserrate | museonacional.cult.cu | 1 Std.)* erzählen u. a. tolle Frauen-Porträts von Wifredo Lam von stolzen Kubanerinnen. Oben im *Parque Central* siehst du dich dann umringt von neuen und alten Luxushotels. Neben dem *Hotel Inglaterra* prunkt das *Gran Teatro de La Habana Alicia Alonso (Führungen Di–Sa 9–17, So 9.13 Uhr | 5 CUC)*. Dominiert wird der Park aber vom 1929 dem weißen Haus in Washington nachempfundenen *Capitolio*, in das das kubanische Parlament einziehen will.

VEDADO

Vedado ist mehr als das wieder erwachte Amüsierviertel rund um *La Rampa*, wie die aufsteigende Calle 23

INSIDER-TIPP
Quicklebendiges Afro-Kuba

genannt wird. In der *Callejón de Hamel (zw. Aramburu und Hospital)* werden sonntags ab 12 Uhr temperamentvoll die Santería-Götter angebetet. Breite, von Villen gesäumte Boulevards führen zur Universität und zur *Plaza de la Revolución* und ihrem fast 150m hohen Denkmal für José Martí; ihn umgeben mit den Porträts von Che Guevara und Camilo Cienfuegos geschmückte Ministerien. Und im Westen liegt die berühmte *Necropolis Cristobal Colón (tgl. 8–17 Uhr | Eintritt 5, Plan 1 CUC | Zapata/Ecke Calle 12 | 45 Min.)*, Havannas riesiger Friedhof, auf dem u. a. Schriftsteller Alejo Carpentier (1904–80) und Buena-Vista-Social-Club-Star Ibrahim Ferrer (1927–2005) begraben liegen.

AVENIDA 5TA (QUINTA)

Angelegt Anfang des vorigen Jhs., lässt die *Avenida 5ta (Quinta)* mit ihrem Grünstreifen in der Mitte die Hektik der Hauptstadt vergessen. Ursprünglich *Avenida de la Américas* genannt, durchzieht sie Miramar wie eine Schaumeile für die schönsten Villen der Stadt.

FINCA LA VIGÍA

Als ob er nur mal kurz fort wäre! Hemingways Finca La Vigía in Havannas Vorort San Francisco de Paula, die er

1940 erwarb, sieht immer noch bewohnt aus. Möbel, Bücher, Trophäen und Schreibutensilien – alles an seinem alten Platz. Hemingway lebte hier bis kurz vor seinem Tod 1961. *Mo–Sa 10–17 Uhr | Eintritt 5 CUC | 1 Std.*

ESSEN & TRINKEN

ATELIER

In dieser schicken Villa tafelst du fürstlich zwischen moderner Kunst: z. B. Lachsröllchen mit Käse oder *malangitas* mit Honig (*malanga* ist eine Art Kohl, der fein gerieben, mit Ei gemischt und frittiert wird). *Tgl. 12–24 Uhr | Vedado, Calle 5ta Nr. 511, zw. Paseo und Calle 2 | €€*

BELVIEW ARTCAFÉ

Kunst- und Kulturcafé, in dem die Arbeiten des deutschen Kubafotografen Sven Creutzmann ausgestellt sind; Klasse-Kaffeesorten von Capuccino bis Ice Café Latte, Tapas, leichte Speisen. Samstag ab 12 Uhr kannst du hier ganz frisch verschiedene Brotsorten kaufen. *Di–So 9–18 Uhr | Vedado, Calle 6 Nr. 412/Ecke Calle 19*

INSIDER-TIPP
Brotverkauf am Samstag

BODEGUITA DEL MEDIO

Willst du hier wie einst Hemingway deinen Mojito trinken, musst du dich auf großes Gedränge gefasst machen! *Habana vieja, Empedrado 207 | Tel. 78 67 13 74 | €€€*

CASTILLO DE FARNÉS

Guter Spanier und legendäres Lokal: Das Foto am Eingang zeigt Fidel Castro, seinen Bruder Raúl und Che Guevara wie sie hier 1959 speisten. *Tgl. 12–24 Uhr | Habana vieja, Avda. Monserrate 401/Ecke Obrapía | €€*

INSIDER-TIPP
Che und die Castros beim Essen

LA GUARIDA

Weltberühmtes Privatlokal, in dem einst Kubas Klassiker „Fresa y chocolate" („Erdbeer und Schokolade") gedreht wurde. Unbedingt reservieren! *Tgl. 12–16, 19–24 Uhr | Centro, Calle Concordia 418, zw. Gervasio und Escobar, 3. Stock | laguarida.com | €€€*

EL TOCOROCO

Immer gut für den besonderen Anlass. Der alte Stil wird mit Kerzenschein und gediegener Livemusik kultiviert. Spezialitäten sind Meeresfrüchte, kreolische Kompositionen und Sushi. *Mo–Sa 12–24 Uhr | Miramar, Calle 18/Ecke Avda. 3 | €€€*

SHOPPEN

CALLE OBISPO

Die ehemalige „Wallstreet Havannas" (weil hier die Nationalbank von 1907 ihren Sitz hatte). In der Boutique *La Rosa (zw. Calle Villegas und Aguacate)* präsentiert Jennifer Lopez ihre aktuelle Kollektion. Schräg gegenüber kannst du auf einem *Kunstgewerbemarkt* nach Souvenirs stöbern. *Habana vieja*

FERIA ANTIGUOS ALMACENES NAVE SAN JOSÉ

Havannas größter Kunsthandwerksmarkt ist in einer alten Lagerhalle am Hafen untergebracht. *Tgl. 10–18 Uhr | Avda. Del Puerto/Ecke San Isidro*

SPORT & SPASS

RADFAHREN

Mit den coolen Cruisern von Cubyke kannst du (ab 49 Euro) Havanna auf eigene Faust oder in der Gruppe „erfahren". *Miramar, 7ma zw. Calle 86 und 88 | Tel. 72 14 43 83 | cubyke.com*

STRÄNDE

PLAYAS DEL ESTE

Die zusammen ca. 60 km langen Strände östlich von Havanna sind das Lieblingswochenendziel der Habaneros. Du fährt mit dem Auto durch den Tunnel und bist in knapp einer halben Stunde z. B. an der schönen breiten *Playa Santa María* (gute Infrastruktur!). *C3*

AUSGEHEN & FEIERN

CASA DE LA MÚSICA

Ein Muss, wenn du kubanischer Musik liebst! Ob im *Centro (Galiano, zw. Neptuno und Concordia | Tel. 78 60 82 96)* oder in *Miramar (Calle 22, zw. Calle 33 und 35 | Tel. 72 04 04 47 | Facebook: Casa de la Musica Miramar)* – in den beiden Häusern treten die besten Salsa-, Son- oder Timba-Bands auf. *Di–So 22–4.30 Uhr | Eintritt 10–25 CUC*

FÁBRICA DE ARTE

Tolle location: Das Kulturzentrum, iniziert von Rockstar X Alfonso, ist in einer alten Fabrikhalle untergebracht; Ausstellungen, Livemusik und andere Events. *Do–Sa 20–4, So 20–2 Uhr | Vedado, zw. Calle 26 und 11*

TROPICANA ★

Temperamentvoll wie eh und je begeistern die legendäre Show ihre Fans. *Mo–So Show 21.30 Uhr | Eintritt ab 75 Euro | Marianao, Calle 72, zw. Calle 45 und Línea del Ferrocarril | Tel. 72 67 17 17 | cabaret-tropicana.com*

RUND UM HAVANNA

1 PINAR DEL RÍO

164 km westlich von Havanna, 2 Std. mit dem Auto über Autopista 4

Die quirlige Provinzmetropole (143 000 Ew.) lohnt einen Abstecher, wenn du in der *Zigarrenfabrik Francisco Donatien (Mo–Fr 9–16 Uhr | Eintritt 5 CUC | Maceo 157 | 30 Min.)* mal sehen willst, wie Zigarren hergestellt werden. Ein Spaß für Kinder sind außerdem die haushohen Tyrannosaurus-Rex- und Stegosaurus-Modelle im *Naturkundemuseum des Palacio Guash (Mo–Sa 9–16.45, So 9–13 Uhr | Eintritt 2 CUC | Calle Martí 202 | 20 Min.)*. Gegenüber im Privatrestaurant *El Méson (Mo–Sa 12–22 Uhr | €)* gibt es gutes kubanisches Essen. *B4*

2 VALLE DE VIÑALES ★

103 km westlich von Havanna, 2 ½ Std. mit dem Auto über die A4

Die spektakulärste Landschaft Kubas, 1999 von der Unesco zum Weltkulturerbe erklärt! In dem über 20 000 ha großen Nationalpark erheben sich gigantische, grün bewachsene Kalkriesen, die sogenannten *Mogotes*, aus rotsandiger Erde und Tabakfeldern. Im Dorf Viñales trifft sich alle Welt, zum Radeln und Reiten, Wandern und Ziplinen. Es gibt jede Menge Privatpensionen und an der Hauptstraße gute private Restaurants. *B4*

VARADERO

(C3) **Kapital dieses berühmten Orts (27 170 Ew.) auf der Halbinsel Hicaco ist Kubas schönster und mit rund 20 km längster Strand.**

Schon vor der Revolution blühte er als Badeort der Reichen; danach diente er Schulkindern und Arbeitern zur Erholung. Und heute ist es Kubas beste Tourismusadresse. Östlich des Orts ziehen sich All-Inclusive-Hotels bis zur Halbinselspitze. *varaderoguide.net*

Der teuerste Tabak der Welt wächst im Valle de Viñales

SIGHTSEEING

IGLESIA ELVIRA

Die schmucke, über 120-jährige kleine Iglesia Elvira stammt noch aus der Zeit, als Varadero ein Salinen- und Fischerdorf war. *Avda. 1ra/Ecke Calle 47*

PARQUE JOSONE

Auf den Spazierwegen um den künstlich angelegten See im Parque Josone kannst du den Ferientrubel hinter dir lassen. Er gehörte früher dem Rumbaron José Fermín Iturróz aus dem benachbarten Cárdenas und seiner Frau Onelia (in „Josone" stecken die jeweils ersten drei Buchstaben ihrer Vornamen)! *Tgl. 9–24 Uhr | Avda. 1ra, zw. Calle 56 und 59*

Das Schmuckstück von Varadero: der traumhafte Sandstrand

ESSEN & TRINKEN

LAS AMÉRICAS & BAR MIRADOR

Gourmetrestaurant im Erdgeschoss der einst 1,3 Mio. $ teuren Strandvilla des US-Milliardär DuPont. Lockerer geht es oben in der Panoramabar Mirador (gute Cocktails und Panoramarundblick) zu. *Tgl. 12–16, 19–21.30, Bar Mirador 10–23.45 Uhr | Mansión Xanadú, Avda. Las Américas | €€€*

CASA DE AL

Das blaue Haus soll früher dem Gangsterboss Al Capone gehört haben. Auf der Karte stehen u. a. „Mafia-Suppe" und „Godfather-Salat". *Villa Punta Blanca, Repardo Kawama | Tel. 45 66 80 18 | €€*

VARADERO 60

Kubanische und internationale Küche im 1960er-Ambiente. Empfehlenswerte Meeresfrüchte. *Calle 60 | Tel. 45 61 39 86 | €-€€*

SHOPPEN

Strohhüte, T-Shirts, Schmuck und so vieles mehr gibt es auf den Souvenirmärkten an der Avda. 1ra *(Ecke Calle 15, Ecke Calle 46, Ecke Calle 47 oder Ecke Calle 54)*. In der *Galeria SPACIO 34 (tgl. 9–19 Uhr | Avda. 1ra/Ecke Calle 34 und 35)* findest du erschwingliche Kunst. Und in der *Taller de Céramicas Artistas (tgl. 9–16 Uhr | Avda. 1a/Ecke Calle 64)* bekommst du Keramik direkt vom Künstler!

STRÄNDE

PLAYA DE VARADERO ★

Der öffentliche Teil reicht bis weit über die Calle 60 hinaus. An den Übergängen gibt es oft Strandbars und Toiletten *(1 CUC)*, direkt am Strand Anbieter von Schnorchelausflügen mit dem Boot *(20 CUC inkl. Ausrüstung)*. Mit den auf fester Route verkehrenden Hop-on-hop-off-Bussen kannst du für 5 CUC pro Tag fast alle Strandabschnitte erkunden.

INSIDER-TIPP
Gute Verbindung

SPORT & SPASS

MARINA MARLIN CHAPLIN

Ausflüge mit dem Katamaran, z. B. zum Schnorcheln vor der Cayo Blanco, kannst du in der *Marina Marlin Chaplin (Autopista Sur | Tel. 45 66 75 65)* oder am Ende der Halbinsel in der *Marina Gaviota (Tel. 45 66 41 15)* buchen.

RESERVA ECOLÓGICA VARAHICACOS

Stille Wanderwege (Ideal zum Joggen) durchziehen den 450 ha großen Rest uriger Wildnis im Osten der Halbinsel Hicaco. Am Rand des Parks liegt die *Cueva de Ambrosia* mit Kultzeichen aus präkolumbischer Zeit und von geflüchteten Sklaven. Eingang mit *Centro Visitantes* und Plan an der Autopista Sur. *Eintritt 3 CUC*

AUSGEHEN & FEIERN

THE BEATLES

Die lebensgroßen Pilzköpfe aus Bronze am Eingang sind wie Magneten. Und wenn es live auf der Freiluftbühne des Lokals rockt, ist das Lokal sowieso proppevoll. *Avda. 1ra/Ecke Calle 59 | Eintritt frei*

BAR CALLE 62

Super beliebter Treffpunkt in prominenter Ecklage: Es gibt Livemusik, Cocktails und leichte Speisen. *Tgl. 8–2 Uhr | Avda. 1ra/Ecke Calle 62*

RUND UM VARADERO

3 MATANZAS

32 km von Varadero, 30 Min. mit dem Auto

Die Provinzmetropole (140 000 Ew.) liegt in einer großen schönen Bucht. Ihre größte Attraktion findest du an ihrem Stadtrand: die *Cuevas de Bellamar (tgl. 9–17 Uhr | Eintritt 6–8 CUC | Ctra. a la Cuevas)*. C3

4 LA BOCA & ALDEA TAÍNA

113 km südlich von Varadero, 1.50 Std. mit Auto via Jagüey Grande

Abenteuer im größten Sumpfgebiet der Karibik, dem Nationalpark *Ciénaga de Zapata*: Vom großen Parkplatz La Boca (mit Restaurant und Krokodilaufzuchtstation) bringen dich Speedboote zum exemplarischen Indianerdorf Aldea Taína in der *Laguna del Tesoro*. C4

5 BAHÍA DE COCHINOS

160 km von Varadero, 3 Std. mit dem Auto via Jagüey Grande und Guamá

Die „Schweinebucht" war 1961 Schauplatz eines misslungenen Invasionsversuchs von Söldnern. In Girón zeigt das *Museo de la Intervención (tgl. 8–17 Uhr | Eintritt 2 CUC | 30 Min.)* eine gute Dokumentation. Die Bucht ist heute ein beliebtes Tauchrevier, vor allem rund um die *Playa Larga*. C4

TRINIDAD

(D4) **Steile Kopfsteinplastergassen, niedrige Häuser mit hohen Fenstergittern und Decken, roten Dachziegeln und Glockentürmen zum Alarmschlagen.**

Spazierst du durch ★ Trinidad (36 000 Ew.), fühlst du dich zurückversetzt in die Vergangenheit – wären da nicht die vielen Touristen und privaten Restaurants, die das Unesco-Weltkulturgut (seit 1989) in eine lebendige Märchenstadt mit Flair und Patina verwandelten.

Achtung: Oft werden noch die alten Straßennamen benutzt.

SIGHTSEEING

PLAZA MAYOR

Königspalmen krönen die zentrale Plaza Mayor, um die sich u. a. die *Iglesia Parroquial de La Santisima* (1817–1892) und der luxuriös eingerichtete Palast des superreichen Grafen von Brunet, das heutige *Museo de Romantico (Di–So 9–17 Uhr | Eintritt 2 CUC | Hernández 52 | 45 Min.)*, gruppieren.

MUSEO MUNICIPAL

Das Haus des Zuckerbarons Cantero ist heute das Museo Municipal und hat neben seiner typischen offenen Küche im Patio eine Besonderheit: Vom Turm (früher mit Warnglocke bei Sklavenrebellionen) hast du einen tollen Panoramablick über die Dächer der Stadt! *Tgl. 9–17 Uhr | Eintritt 2 CUC | Calle Simón Bolívar 423 | 20 Min.*

VALLE DE LOS INGENIOS

Neben der Straße nach Sancti Spiritus breitet sich das zum Unesco-Welterbe von Trinidad gehörige Valle de los Ingenios aus. In *Manaca Iznaga (Bahn-Haltestelle | Fahrt von Trinidad ca. 30 Min. | 10 CUC)* kannst du für 2 CUC auf den 43 m hohen Wachturm (1816) steigen; er diente der Kontrolle der Arbeitssklaven.

ESSEN & TRINKEN

LA CANCHÁNCHARA

Uriges Lokal mit Geschichte: Spezialität ist hier *Chanchánchara*, ein Cocktail aus Honig, Rum und Zitronensaft, mit dem sich früher die Befreiungskämpfer stärkten. *Tgl. 10–20 Uhr | Calle Rubén Martínez Villena 78 | €*

CUBITA SANTANDER

Familienunternehmen mit Händchen für feine Küche und Keramiksouvenirs. Historisches Ambiente, Abholservice. *Tgl. 11–23 Uhr | Calle Gutiérrez 471 (alt: Calle Antonio Maceo) | Tel. 52 71 14 79 | cubitasantanderrestaurant.com | €–€€*

Die Plaza Mayor von Trinidad, im Hintergrund der Turm von San Francisco de Asis

STRÄNDE

PLAYA ANCÓN

Die 4 km lange, schön feinsandige Playa Ancón liegt östlich hinter dem Dorf La Boca; du erreichst sie bequem mit den Hop-on-hop-off-Pendelbussen *(5 CUC/Tag). Abfahrten zwischen 9 und 18 Uhr ab Cubatur-Büro | Calle Antonio Maceo/Ecke Zerquera*

AUSGEHEN & FEIERN

Livemusik gibt's fast den ganzen Tag in der *Casa de La Trova (tgl. 10–1 Uhr | Calle Cristo 29)* oder im *Palenque de los Congas Reales (tgl. 10–13 Uhr und ab 22 Uhr | Calle Jesús Menéndez)*.

INSIDER-TIPP
Treffpunkt Treppe

Auf der La Escalinita vor der *Casa de la Música* ist jeden Abend Partystimmung. Ein Erlebnis ist auch der Besuch der Tropfsteinhöhlendisco *Ayala (tgl. 23–3 Uhr | Eintritt 10 CUC inkl. Getränk | La Cueva)*.

RUND UM TRINIDAD

6 CIENFUEGOS

83 km westlich von Trinidad, 1.20 Std. über den Circuito Sur (Crta. 12)

Mit ihrer Villen-Halbinsel *Punta Gorda* und ihrem exotischen *Palacio de Valle* gilt Cienfuegos (172 000 Ew.) als „Perle des Südens". Schön liegt sie an der großen natürlichen Jagua-Bucht, auf die du vom privaten Restaurant *Finca del Mar (tgl. 12–24 Uhr | Calle 35, zw. Calle 18 und 20 | Punta Gorda | Tel. 43 52 65 98 | €€–€€€)* blicken kannst. Das Stadtzentrum, seit 2005 Unesco-Welterbe, schmückt u. a. das prachtvolle *Teatro Terry* (1889) *(tgl. 9–16 Uhr | Eintritt 2 CUC | Avda. 56)*. Fähren bringen dich zum *Castillo de Jagua* (18. Jh.). Palmen, Orchideen, Bambus und seltene Bäume wie der Strichinbaum gedeihen im *Jardín Botánico (tgl. 8–16.30 Uhr | Eintritt 2,50 CUC | Ctra. a Trinidad Central Pepito Tey)*.

7 SANCTI SPIRITUS

72 km nördlich von Trinidad, 1 ¼ Std. über die Carretera 12

Die Provinzhauptstadt (138 500 Ew.) ist unverfälschtes Kuba. Gegründet 1514, 1520 an den Río Yayabo verlegt, besitzt sie die ältesten Bogenbrücke Kubas. An der *Plaza Honorato* findest du die alte *Iglesia Parroquial Mayor* (1680, Decke im Mudéjarstil) und das Restaurant *Mesón de la Plaza (tgl. 9–22.30 Uhr | Calle Maximo Gómez 34 | Tel. 41 32 85 46 | €–€€).*

SANTA CLARA

(D4) **Selbstbewusst pflegt die Universitäts- und Provinzhauptstadt das Erbe Che Gueveras, der hier den Kampf gegen die Truppen des Diktators Batista gewann und so den Sieg der Revolution besiegelte.**

1689 von Einwohnern aus dem nahen Remedios gegründet, wuchs Santa Clara schnell zu einem bedeutenden Zentrum der Tabak- und Zuckerwirtschaft heran. Heute ist es auch das Tor zu den Cayos Santa María.

SIGHTSEEING

MONUMENTO MEMORIAL CHE GUEVARA ★

Die auf dem Museo thronende Che-Guevara-Bronzefigur grüßt dich schon von Weitem. Drinnen im Mausoleum ruhen seit 1997 die aus Bolivien überführten sterblichen Überreste des Argentiniers (1928–1967). Das Museum zeigt Fotos und persönliche Gegenstände, darunter sein bolivianisches Tagebuch. *Di–So 8–17 Uhr | Eintritt frei | Avda. de los Desfiles*

MONUMENT A LA TOMA Y ACCIÓN DEL TRÉN BLINDADO

Am Monument kannst du die Waggons des gepanzerten Zuges sehen, den die Rebellen auf Befehl Che Guevaras am 29. Dezember 1958 entgleisen ließen und so die eingeschlossenen Soldaten von Batista zur Aufgabe zwangen. Batista floh daraufhin ins Ausland. Das passende Andenken an Che findest du garantiert im Shop gegenüber. *Di–Sa 17.30 Uhr | Eintritt 1 CUC | Avda. de Liberación/ Ecke Calle Camajuani*

INSIDER-TIPP **Fundgrube für Che-Souvenirs**

RUND UM SANTA CLARA

8 REMEDIOS

44 km von Santa Clara, 1 Std. mit dem Auto

Die Urzelle von Santa Clara ist eine wunderschöne Kolonialstadt, gegründet bereits 1514. Mit der *Catedral Parroquial* (1692) besitzt die Stadt eine der schönsten Kirchen ganz Lateinamerikas; der Altar ist über und über mit Gold verziert. Unbedingt auch in das *Museo de las Parrandas (Di–So 9–12, 13–17 Uhr | Führung 1, Foto 5 CUC |*

INSIDER-TIPP **Herz aus Gold**

Calle Alejandro del Río 74) schauen, wo sich alles um das berühmte Feuerwerks- und Kostümfests (16./24. Dez.) der Stadt dreht!

9 CAYOS SANTA MARÍA

113 km von Santa Clara, 1 ¾ Std. (über den pedraplén, Hin- und Rückfahrt je 2 CUC, Pass mitnehmen!)
Weiter nördlich kommst du via Caïbairén zum pedraplén und der All-Inclusive-Hotel-Enclave der Cayos Santa María. Sie gehört zur Cayeria del Norte wie die östlich anschließende All-Inclusive-Enclave auf Cayo Coco und Cayo Guillermo (nur via Morón erreichbar).

CAMAGÜEY

(E5) **Ungewöhnlich reich an alten Kirchen und kolonialen Plätzen ist Camagüey (330 000 Ew.) seit 2008 Weltkulturerbe.** Wahrzeichen sind die *tinajones*, große Tonkrüge, in denen die Reichen zur Regenzeit Wasser sammelten. *ohcamaguey.cu*

SIGHTSEEING

PLAZA SAN JUAN DE DIOS

Die vielseitige Plaza hat einiges zu bieten: einen *Kunstgewerbemarkt (Di–So 8–17 Uhr)*, die Restaurants *La Campana de Toledo (tgl. 10–22 Uhr | €€–€€€)* sowie das *1800 (tgl. 9–24 Uhr | Tel. 32 28 36 19 | restaurante1800.com | €€)* mit großer Bar und abends manchmal Livemusik.

INSIDER-TIPP **Kunst direkt vom Künstler**

Nebenan in dem Galerie-Atelier kannst du meistens einen der beiden Inhaber, die Künstler Joel Jover und Ileana Sanchez, antreffen. Vom *Mirador* des gegenüberliegenden *Antiguo Hospital de Dios*, ehemals ein Krankenhaus (1728) und jetzt *Museum für Kolonialarchitektur*

Blick an einer Skulpturengruppe vorbei auf die Plaza del Carmen in Camagüey

(Di–Sa 9–17, So 9–13 Uhr | Eintritt 1 CUC | ⏲ 30 Min.) kannst du gut Kirchtürme zählen.

MUSEO CASA NATAL DE IGNACIO AGRAMONTE

Historische Dokumente erinnern u. a. im Museo, dem Geburtshaus von Ignacio Agramonte (1841–71), an den großen Kämpfer gegen die Spanier; er fiel im ersten Unabhängigkeitskrieg. *Mo–Sa 9–16.45, So bis 12 Uhr | Eintritt 2 CUC | Avda. Agramonte 459*

RUND UM CAMAGÜEY

10 PLAYA SANTA LUCÍA

112 km nordöstlich von Camagüey, 1 ¾ Std. mit dem Auto

In der Casa de la Trova von Santiago treten allabentlich die besten Musiker auf

Nur wenige Hotels und Privatquartiere säumen die 21 km lange Playa Santa Lucía. Das *Shark's Friends Diving Centre (Tel. Tel. 32365182 | cubadiving.de)* hat sich auf das Füttern von Bullsharks spezialisiert.

INSIDER-TIPP
Haie füttern erlaubt

Schöner Ausflug: Zwischen einer Lagune mit Flamingos und dem Meer geht's nach *La Boca* und dem schönen Palmenstrand *Playa de los Cocos.* E4

SANTIAGO DE CUBA

(F6) **Tief im Süden in der Tiefe einer großen natürlichen Bucht gelegen, ist Santiago de Cuba (433099 Ew.) berühmt für seinen temperamentvollen Karneval.**

Die Stadt war zweiter Regierungssitz des Kuba-Eroberers Diego de Velázquez und wurde während der Sklavenaufstände im benachbarten späteren Haiti von Flüchtlingen überschwemmt. Sie brachten u. a. ihre Musik mit und machten die Stadt zur Wiege des Son. Und Fidel Castro ging hier zur Schule. Hier begann seine Revolution, hier verkündete er den Sieg – und hier wollte er auch begraben werden.

SIGHTSEEING

PARQUES CÉSPEDES

Den Parques Céspedes umgeben Gebäude aus allen Epochen: In der *Casa de Velázquez* (1519), heute *Museo del*

Ambiente Histórico (tgl. 9–17 Uhr | Eintritt 2 CUC | ⏲ 30 Min.), residierte einst Diego de Velázquez. Sein Grab befindet sich in der (nach Erdbeben wieder erbauten) *Kathedrale*. Ihr gegenüber liegt das *Rathaus* mit dem Balkon, auf dem Fidel Castro am 1. Januar 1959 den Sieg der Revolution verkündete.

CEMENTERIO SANTA IFIGENIA

Ein schlichter riesiger Granitstein ist das Grabmal von Fidel Castro auf diesem Friedhof. Auch José Martí, der Held der Befreiungskriege, fand hier seine letzte Ruhestätte. *Tgl. 8–18 Uhr | Eintritt 1 CUC | Avda. Crombet*

MUSEO HISTÓRICO 26 DE JULIO

An der Fassade siehst du noch die Einschusslöcher von dem misslungenen Anschlag. *Di–Sa 9–19, So 9–12.30 Uhr | Eintritt 2 CUC | Ctra. Central/Ecke Gen. Portuondo | ⏲ 20 Min.*

ESSEN & TRINKEN

SALÓN TROPICAL

Kubanisch-italienische Küche mit gegrillten Köstlichkeiten, serviert auf einer lauschigen Dachterrasse. *Tgl. 13–24 Uhr | Calle Fernández Marcané 310 | Santa Bárbara | Tel. 22 64 11 61 | €*

AUSGEHEN & FEIERN

CASA DE LA TROVA ★

Fotos an den Wänden beschwören in dieser legendären Musikkneipe große Zeiten. Und immer noch treten hier die besten Musiker auf. Getanzt wird im *Patio de la Trova*. *Tgl. 21–1 Uhr | Eintritt 5 CUC | Calle Heredia 208*

RUND UM SANTIAGO DE CUBA

11 BARACOA

237 km östlich von Santiago de Cuba, 3.50 Std. mit Auto über Guantánamo

Die älteste Stadt Kubas: Kolumbus pflanzte hier schon 1492 ein Kreuz in die Bucht, 1511 gründete sie dann der Kuba-Eroberer Diego de Velázquez und machte sie zur ersten Hauptstadt. Heute lebt Baracoa ein entspanntes Dasein mit vielen Privatquartieren und tollen Wandermöglichkeiten, z. B. im *Humbold-Nationalpark (Infos bei Cubatur im Zentrum).* *G5*

SCHÖNER SCHLAFEN IN HAVANNA

HEMINGWAYS HOTEL

Das *Ambos Mundos* liegt so schön zentral, dass du – genau wie schon Hemingway in den 30er-Jahren – alle angesagten Kneipen und Restaurants der Altstadt zu Fuß erreichen kannst. Er wohnte damals in Zimmer 511, wo du noch heute sein Bett und seinen Arbeitsplatz anschauen kannst. Die Abende verbrachte er nach der berühmten Devise: „Meinen Mojito trinke ich in der Bodeguita del Medio (s. S. 45), meinen Daiquiri in der El Floridita." *Calle Obispo 153 | hotelambosmundoshabana.com/de | €€–€€€*

CAYMAN ISLANDS

INSELJUWELEN FÜR WOHLHABENDE

Vom Schlupfwinkel für Piraten zum Paradies für Steuerflüchtlinge – eigentlich kein weiter Weg, auch wenn Jahrhunderte dazwischen liegen. Du spürst es sofort auf diesen, ungefähr 200 km südlich von Kuba gelegenen Inseln: Keiner findet was dabei, dass hier jede Menge Geld steuerfrei vor dem Fiskus des einen oder anderen Landes versteckt wird. Im Gegenteil geht es allen bestens damit, besonders den Banken natürlich, die hier dicht an dicht stehen.

Auf Kuschelkurs mit einem Stachelrochen in Stingray City

Zu alledem lächelt die Königin von England von den Banknoten. Sie ist es auch, die immer noch den Gouverneur ernennt, denn die drei Inseln Grand Cayman, Cayman Brac und Little Cayman sind British Oversees Territory. Die rund 50 000 Einwohner, dank des hohen Ausländeranteils besonders weltoffen, gehören zu den wohlhabendsten der Karibik. Und schön (und teuer) ist ihre Heimat auch noch: gesäumt von herrlichen Stränden und berühmt für ihre tollen Tauchziele – und blauen Leguane. *visitcaymanislands.com*

CAYMAN ISLANDS

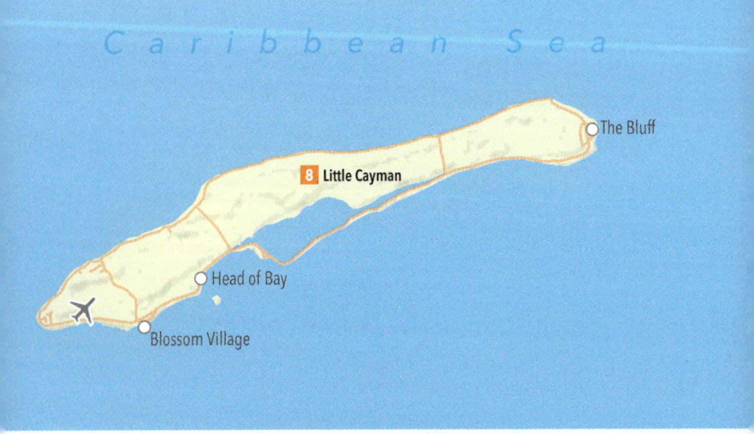

MARCO POLO HIGHLIGHTS

★ **CRYSTAL CAVES**
Höhlenabenteuer mit einem wunderschönen See und vielen Fledermäusen ➤ S. 61

★ **QUEEN ELIZABETH II BOTANIC PARK**
Ein blühendes Spazier-Paradies, auch für die blauen Leguane ➤ S. 60

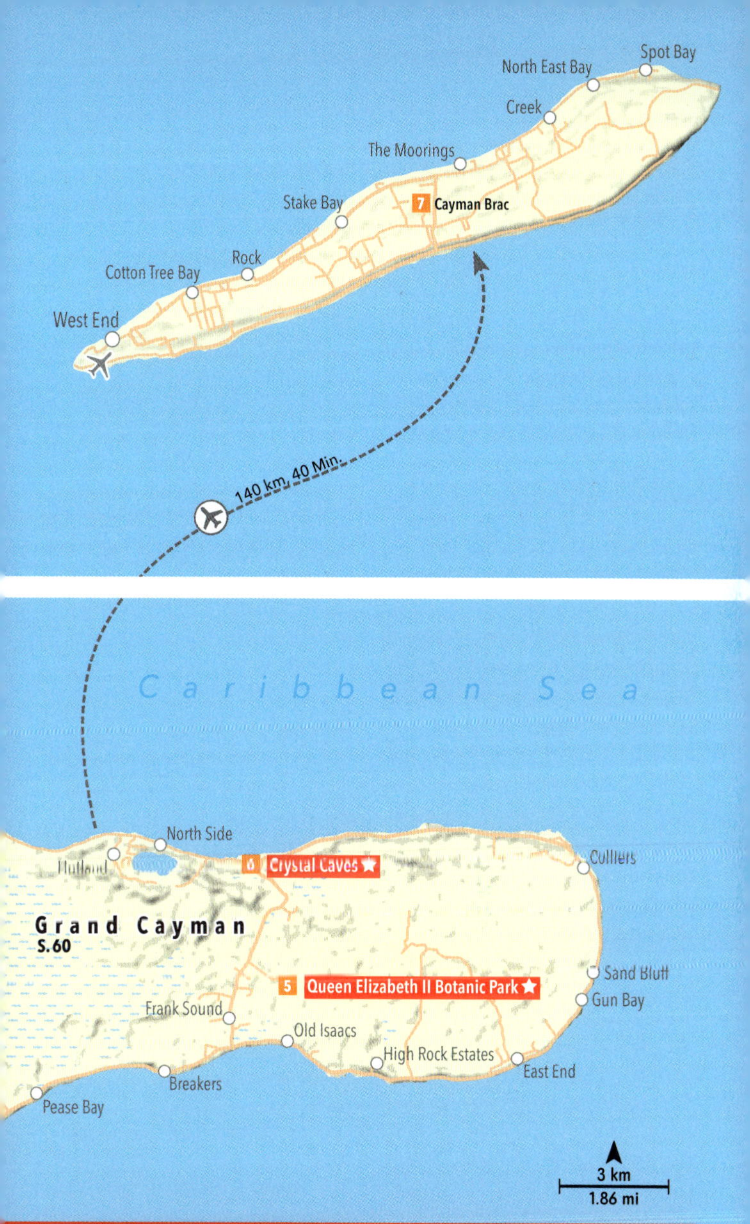

★ STINGRAY CITY
Zwischen halbzahmen Stachelrochen im Meer herumspazieren oder schwimmen
➤ S. 63

★ CAMANA BAY
Luxus-Shopping- und Ausgehmeile mit Yachthafen ➤ S. 62

GRAND CAYMAN

(📖 C6) **Gerade mal 30 km lang und 6 km breit, ist Grand Cayman die größte der drei Inseln, Sitz der Hauptstadt George Town und mit seinem berühmten Seven Mile Beach exklusives Ferienzentrum.** Nur im Westen und Nordwesten sowie in Küstennähe haben Menschen gesiedelt, der Osten ist größtenteils Sumpfland; dort findest du u. a. die Vogelschutzgebiete des National Trust.

ORTE AUF GRAND CAYMAN

1 GEORGE TOWN

Das Städtchen (28 000 Ew.) wird regelmäßig von Kreuzfahrttouristen überflutet. Allein das Zentrum zwischen Hafen, Cardinal Avenue, Albert Ponton Street und Fort Street umgibt einen Hauch bewegter Geschichte mit den *Fort-George-Ruinen* und dem *1919 Peace Memorial*. Am südlichen Ausgang der Stadt findest du die hübsche Schnorchelbucht *Smith Barcadere*.

Im ehemaligen Gerichtsgebäude ist das *Cayman Islands National Museum (Mo–Fr 9–17, Sa 10–14 Uhr | Eintritt 8, Kinder 3 US$ | Harbour Drive 3 | Tel. 345 9 49 83 68 | museum.ky)* untergebracht. Es erzählt viel aus der Piratenvergangenheit der Inseln.

2 HELL

Wolltest du immer schon mal jemandem eine Postkarte aus der „Hölle" schicken? Bitte sehr: In Hell im Norden der Insel kannst du das tun – mit passendem Poststempel versteht sich.

3 CAYMAN TURTLE CENTRE

Zwei Besuchsvarianten bietet das riesige Centre an: die *Turtle Centre Exploration Tour (18, Kinder 9 US$)* und die *Turtle Centre Adventure Tour (45, Kinder 25 US$)*, bei der u. a. der Besuch eines Wasserparks mit Rutschen drin ist. Das ganze Unternehmen ist Freizeitpark und Zuchtstation für Meeresschildkröten zugleich, die zum Teil ausgewildert, aber zum Teil auch wie früher in Piratenzeiten auf dem Teller landen. *Tgl. 8–17 Uhr | Boatswain's Beach, Northwest Point, West Bay | Tel. 345 9 49 38 94 | turtle.ky*

4 PEDRO ST. JAMES

Das vermutlich älteste Gebäude auf Grand Cayman soll schon 1635 vom spanischen Siedler Pedro Gómez errichtet worden sein. Zweimal brannte es ab, bevor es zum nationalen Wahrzeichen erklärt wurde. *Tgl. 8.30–17 Uhr | Eintritt 10 US$ | Old Jones Bay, East End, an der Küstenstraße South Sound Road | pedrostjames.ky*

5 QUEEN ELIZABETH II BOTANIC PARK ★

INSIDER-TIPP **Blau vor Wut**

Die auf den Inseln heimischen Leguane *(Cyclura lewisi)* sind die Attraktion des Parks. Wenn die Leguane ärgerlich oder wütend sind, laufen sie nicht rot, sondern tiefblau an! Das Wegenetz des wunderschön angelegten Parks führt u. a. zu einem kleinen See, zu Orchideen und Inselkräutern.

Was zur Hölle? Aufgrund des Namens gibt es in Hell einige Teufelchen

Tgl. 9–17.30 Uhr | Eintritt 10, Kinder (6–12 J.) 5 US$ | East End | botanic-park.ky

6 CRYSTAL CAVES ★

Die imposanten Höhlen sind eindrucksvoll beleuchtet und von vielen Fledermäusen bewohnt. Du kannst vier Höhlen besuchen, weitere sollen bald zugänglich sein. *Eintritt ab 40 US$ | Old Man Bay, North Side Road 69 | Tel. 345 949 22 83*

ESSEN & TRINKEN

Spezialitätenrestaurants wie das *KARoo (karoo.ky)* oder *Mizu Asian Bistro + Bar (mizucayman.com)* häufen sich in Camana Bay. Ein guter Restaurantführer: *caymangoodtaste.com*

BRUSSELS SPROUTS

Der belgische Küchenchef zaubert hier köstliche Tagesgerichte. Mit Abhol- und Lieferservice. *Mo–Sa 7–16 Uhr | Thompson Building, N. Sound Road 189, George Town | Tel. 345 769 40 27 | brussselssprouts.ky | €€–€€€*

COCCOLOBA BAR & GRILL

Wenn du mexikanische Küche magst: Zum Blick aufs Meer gibt's hier Tortillas, Tacos oder Ceviche mit superfrischen Meeresfrüchten. Auch Abholservice. *Tgl. 12–21 Uhr | Tanager Way 60, Seven Mile Beach | Tel. 345 746 41 11 | coccolobacaymanislands.com | €€–€€€*

LUCA

Seit fast 20 Jahren die Nummer 1, auch dank seiner traumhafter Lage. Die Inhaber Andi Marcher und Paolo Pollini bezeichnen ihren Küche als „italian-based with international flavours". Reservieren! *Di–So | Caribbean Club, 871 West Bay Road, Seven Mile Beach | Tel. 345 623 45 50 | luca.ky | €€€*

THE WHARF RESTAURANT

Von Österreichern geführtes Waterfront-Restaurant. Köstlich: die Seebrasse mit Basilikum-Pistazien-Kruste. *Tgl. 17–22 Uhr | 43 West Bay Road, George Town | Tel. 345 949 22 31 | wharf.ky | €€–€€€*

Trägt seinen Namen nicht umsonst: der Seven Mile Beach auf Grand Cayman

SHOPPEN

Ein großer Duty-Free-Komplex mit Läden internationaler Marken ist in George Town die *Kirk Freeport Plaza (Cardinal Ave.)*. Die größte Auswahl, auch an Kunstgewerbe, hast du im hochmodernen Shoppingviertel ★ *Camana Bay* auf der Market Street. Wie ein Relikt aus alten Zeiten wirkt dagegen der kleine Fischmarkt am Ortsausgang von George Town *(North Church Street)*.

INSIDER-TIPP
Uriger Fischmarkt

STRÄNDE

SEVEN MILE BEACH

Der feinsandige, von australischen Pinien gesäumte Seven Mile Beach ist der Vorzeigestrand von Grand Cayman. Hier stehen die meisten Hotels, es gibt Bars, Restaurants und unzählige Wassersportangebote.

RUM POINT

Badestrand an der Nordseite der Insel, am Wochenende Barbecue und Livemusik im *Rum Point Club*. Gute, entspannte Atmosphäre. *North Side*. Mehr Infos: *visitcaymanislands.com/en-gb/experiences/beaches*

SPORT & SPASS

ATLANTIS SUBMARINE

Ganz bequem kannst du dir in dem U-Boot das Tier- und Pflanzenleben am Riff anschauen. Rechtzeitig anmelden! *Tgl. | ab 109, Kinder (4–12 J.) ab 59 US$ | South Church Street 30, George Town | Tel. 345 9 49 77 00 | caymanislandssubmarines.com*

BIOLUMINOUS TOUR

Von besonderem Zauber sind die abendlichen Kanu- oder Elektroboot-Ausflüge zur Bucht mit leuchtendem Plankton. Anbieter: *Cayman Kayaks | Dauer: 1 ½–2 Std. | ab 59 US$ | Tel. 345 9 26 44 67 | caymankayaks.com*

RADFAHREN

Mit *ECO Rides Cayman (ab 80 US$ | Seaview Drive 2708, East End | Tel. 345 9 22 07 54 | ecoridescayman.ky)* kannst du Radtouren (2–4 ½ Std.), z. B. durch's Inselinnere *(Cayman Inland Escape)* oder die Küste entlang *(Cayman Coastal Loop)* unternehmen.

REITEN

Besonders an Kinder gewöhnte Ponys und kleine Pferde machen die Ausflüge von *Pampered Ponies Grand Cayman* zu einem sicheren Vergnügen für deine Kids. *Conch Point Road, West Bay | Tel. 345 9 16 25 40 | ponies.ky*

STINGRAY CITY ★

Mit ihren extrem breiten Flossen gleiten die großen Tiere wie fliegende Teppiche über den Meeresboden und um dich herum – ein unvergessliches Erlebnis. Die „Stachelrochen-Stadt" liegt in einem besonders flachen Teil des Northsound. Aber ganz ungefährlich sind sie nicht: Der Schwanz besitzt einen giftigen Stachel! *3 Std. inkl. Abholung vom Hotel ab 40 US$ | z. B. bei Rowan Water Sports | rowanwatersports.com*

TAUCHEN

Um die Caymans wimmelt es nur so von guten Tauchspots in den geschützten Marineparks. Vor Grand Cayman erwarten dich u. a. dramatische Wälle, flache Riffe und Schiffswracks. Eine gute Tauchschule ist *Cayman Diving (Church Street North, George Town | Tel. 345 9 16 84 87 | caymandiving.com).*

RUND UM GRAND CAYMAN

7 CAYMAN BRAC

140 km nordöstlich, 40 Min. mit Cayman Airways Express

Die nur etwa 20 km lange und 3 km breite Insel (2000 Ew.) besitzt einen internationalen Flughafen, zahlreiche geheimnisvolle Höhlen, schöne Wanderwege und eine spektakuläre Steilküste (*brac* ist das gälische Wort für Klippe), an der oft Extremkletterer trainieren. Ein tolles Tauchziel: der 1996 versenkte russische Zerstörer „M/V Captain Keith Tibbetts". *D6*

8 LITTLE CAYMAN

10 km westlich von Cayman Brac, 10 Min. mit Cayman Airways Express von Cayman Brac

Das noch kleinere Little Cayman hat sich zu einem luxuriösen Barfußparadies entwickelt. Hauptattraktion ist das Tauchrevier des *Bloody Bay Marine Park* mit „The Wall", einem ca. 1000 m abfallenden Korallenriff; u. a. kannst du Mantarochen und Meeresschildkröten beobachten. *D6*

JAMAIKA

UNGEBÄNDIGTE SCHÖNE

Schon früh galt es als schick, auf Jamaika (10 991 km^2) Urlaub zu machen. Berühmte Gäste wie Hollywoodstar Errol Flynn oder Ian Fleming, der auf Jamaika alle 14 James-Bond-Bücher verfasste, haben ihre Spuren hinterlassen.

Sie genossen Harry Belafontes „Island in the Sun" an den Stränden wie heute die Besucher der oft pompösen All-Inclusive-Hotels. Diesem Glamour setzt die großartige Natur Grenzen: Dicht hinter den Stränden steigen die Blue Mountains auf. Einst Rückzugsort der *Ma-*

Auf dem Heimweg von der Schule in Port Antonio

roons, entlaufene Sklaven, leben dort heute ihre Nachkommen und viele naturverbundene Rastafarians, die Bob Marley weltberühmt machte. Legendär sind die Anfänge der Insel, die die Ureinwohner „Xaymaca", Land der Wälder und Wasser, nannten: Erster Gouverneur war der Pirat Henry Morgan, seine Residenz das verruchte Port Royal. In den 1920er-Jahren bescherte der Politiker Marcus Garvey den Jamaikanern ein neues schwarzes Selbstbewusstsein. Der MARCO POLO „Jamaika" berichtet ausführlich über die Insel.

JAMAIKA

MARCO POLO HIGHLIGHTS

★ **PORT ROYAL**
Ehemaliges Piratennest und kleines Fischerdorf: Hier gibt es guten, frischen Fisch ➤ S. 68

★ **BLUE MOUNTAINS**
Die Berge, aus denen der berühmte Kaffee kommt – auch die Plantagen kannst du besichtigen ➤ S. 69

★ **DUNN'S RIVER FALLS**
Spannend und unterhaltsam ist eine Klettertour im Wasserfall ➤ S. 71

★ **ROSE HALL GREAT HOUSE**
Unweit von Montego Bay liegt dieses Plantagenhaus mit finsterer Vergangenheit ➤ S. 73

★ **BOB MARLEY CENTRE & MAUSOLEUM**
Bob Marleys Geburtstort Nine Miles ist heute Pilgerstätte seiner Fans ➤ S. 72

★ **MARTHA BRAE RIVER**
Romantische Fahrt auf einem Bambusfloß durch den Dschungel ➤ S. 74

In Mavis Bank werden die Kaffeebohnen aus den Blauen Bergen sortiert

KINGSTON

(◫ F7) **Eigentlich kannst du Jamaika nicht verstehen, ohne seine Hauptstadt Kingston (950 000 Ew.) gesehen zu haben. Sie ist mehr als der Regierungs- und Verwaltungssitz des Landes, sie vereint alle Gegensätze des Landes.**

Die Reichsten besitzen Villen in den hinter der Stadt aufsteigenden Bergen, die ärmsten leben unten, z. B. in Trenchtown, wo sich die ersten Reggaebands zusammenfanden. Vor der Stadt liegt als Halbinsel der Rest von *Port Royal* mit dem alten *Fort Charles*.

SIGHTSEEING

BOB MARLEY MUSEUM

Das Museum richtete seine Frau Rita Marley nach dem Tod des weltberühmten Reggaestars in dem Haus ein, das Bob Marley (1945–81) sechs Jahre vor seinem Tod kaufte. Du kannst die Räume sehen, in denen er lebte und arbeitete und im *One Love Café* einkehren. *Mo–Sa 9.30–16 Uhr | Eintritt 25 US$ | Hope Road 56 | bobmarleymuseum.com | ◷ 45 Min.*

DEVON HOUSE

Das schöne Kolonialgebäude wurde 1881 von einem in Südamerika reich gewordenen Millionär erbaut; kostbare Originalmöbel im Museum. *Mo–Fr 9.30–17 Uhr, So/Fei nur nach Reservierung 14–16 Uhr | Eintritt 5 US$ (mit Führung) | Hope Road 28 | devonhouseja.com | ◷ 30 Min.*

FORT CHARLES

Das Fort (1650) schützte das für die Engländer strategisch wichtige Piratennest ★ *Port Royal*, das größtenteils beim Erdbeben von 1692 unterging. Auch das Grab von Henry Morgan versank damals. Fort Charles ist heute ein *Maritimes Museum.* In den Straßenpubs des Rests von Port Royal bekommst du den besten Fisch! *Tgl. 9–17 Uhr | Eintritt mit Führung 15 US$ | Port Royal | jnht.com | 45 Min.*

INSIDER-TIPP
Frisch vom Fischer

ESSEN & TRINKEN

CHATEAU 7 GOURMET JERK CENTRE

Hühnchen, Schwein, Fisch oder Conch – in diesem rustikalen jamaikanischen Restaurant schmeckt jede Fleischsorte fantastisch! Es gibt auch supergute Suppen. *Mi–Sa 11–21, So 10–16 Uhr | Long Lane, Red Gal Ring | Stony Hill | Tel. 876 6 48 43 27 | €€*

SOUTH AVENUE GRILL

Beliebtes Garten-Grillrestaurant in Spaziernähe des Devon House, aber du bekommst auch Vegetarisches. *Mo–Sa 12–22 Uhr | South Ave. 20 | Tel. 876 7 54 13 80 | southavenuegrill.com | €€–€€€*

SHOPPEN

ROCKERS INTERNATIONAL RECORDS

Der Plattenladen Kingstons für Kenner von Ska und Dub, Reggae und Dancehall – eine Institution! In der „Beat-Street", bzw. Orangestreet 135, die früher Zentrum von Jamaikas Musikszene war. *rockersinternational.com*

JAMAICA CRAFTS MARKET

Jamaikanisches Kunsthandwerk jeglicher Art. *Port Royal Street, am westlichen Ende der Harbour Street*

AUSGEHEN & FEIERN

KINGSTON DUB CLUB

Tolle location: Zu den sonntäglichen „Rock Your Soul Sessions" liegt dir das nächtliche Kingston zu Füßen. *So 20–2 Uhr | Eintritt 500 JM$ | Skyline Drive | kingstondubclub.com*

RUND UM KINGSTON

1 SPANISH TOWN

25 km westlich, 30 Min. über die A1

Die Vorgängerin von Kingston wurde schon 1534 vom Spanier Francisco de Garay gegründet. Die ältesten Gebäude in Spanish Town (162 000 Ew.) sind das *King's House* (1749) und die *Saint Catherine's Cathedral* (1714). F7

2 BLUE MOUNTAINS ★

40 km nordöstlich, 2 ¼ Std. mit dem Auto bis zum Ausgangspunkt hinter Penlyne Castle

Die Blue Mountains steigen im Rücken der Hauptstadt auf. Bei *Forres Park (Liguanea Ave. 23 | Kingston | Tel. 876 9 27 82 75, 876 9 27 32 42 | forrespark.com)* kannst du u. a. den *Blue Mountain Peak* (2256 m) erklimmen (s. S. 127) und eine Kaffee-Plantage besuchen. F7

PORT ANTONIO

(🕮 F7) **Verwunschen umwucherte Buchten rahmen die Küste, im Rücken wölben sich die Blauen Berge und im Herzen stehen letzte hübsche Kolonialbauten: Kein Wunder, dass Port Antonio (15 000 Ew.) früh als Urlaubsziel entdeckt wurde.**
Vom alten Glanz, als Hollywoodschauspieler Errol Flynn (1909–1959) auf Navy Island lebte und in der „Blauen Lagune" der Blockbuster mit Brooke Shields (1980) gedreht wurde, zehrt die Stadt bis heute.

SIGHTSEEING

NAVY ISLAND

Einst Privatbesitz von Errol Flynn, lohnt sich heute eine Besuch wegen der schönen Strände im Norden der Insel. *Mietboote vom Hafen*

ESSEN & TRINKEN

BUSHBAR

Einfach toll: Du sitzt auf der Veranda und schaust über den Regenwald bis auf's Meer und bekommst dazu fantastische asiatisch-karibische Köstlichkeiten! *Gee Jam Hotel | Fairy Hill | Tel. 876 9 93 70 00 | geejamhotel.com | €€€*

SPORT & SPASS

RIO GRANDE

Fahrten mit dem Bambusfloß für zwei Personen bekommst du bei *Rafters Rest (tgl. 8–16 Uhr | Tel. 876 9 93 57 78 | Facebook: Rafting on the Rio Grande)* an der Flussmündung am Rand von Port Antonio.

AUSGEHEN & FEIERN

ROOF NITE CLUB

Der bekannteste Nachtclub in Port Antonio versprüht reichlich Partystimmung mit Reggae, Dancehall und Soca. *Do–Sa 23–4 Uhr | Eintritt 5 US$ | 11 West Street | Facebook: Roff Nite Club*

RUND UM PORT ANTONIO

3 FRENCHMAN'S COVE BEACH

10 km östlich, 20 Min. mit dem Auto über Autopista 4

Perfekt zum Träumen: Schön sauber und idyllisch an einer Flussmündung gelegen; Restaurant, Toiltten, Duschen. *Eintritt 10, Liegen 2 US$ | 🕮 F7*

4 WINNIFRED BEACH

13 km östlich, 23 Min. mit dem Auto über Autopista 4

Dank der Proteste der Einheimischen wurde die schöne Strandbucht nicht an ein Hotel verkauft; jetzt bieten die locals dort u. a. frische Kokosnüsse an und bitten um eine Spende für den Erhalt des Strands. *🕮 F7*

5 BOSTON BAY

20 km östlich, 35 Min. mit dem Auto über Autopista 4

Meist duftet es schon von Weitem nach dem würzigen Holz, auf dem das beste *jerk pork* und *jerk chicken* der ganzen Insel gegart wird. Es gibt auch eine schöne Badebucht mit Seegang, der Wellenreiter anlockt. *F7*

OCHO RIOS

(F7) **Dank seiner wunderschönen Küste hat sich Ocho Rios (ca. 10 000 Ew.) früh zu einem wichtigen Tourismuszentrum entwickelt.**

Die Schönheit speziell der Dunn's River Falls, aber auch des Mystic Mountain im Hinterland ziehen auch Tagesbesucher aus dem ganzen Land an.

SIGHTSEEING

DUNN'S RIVER FALLS ★

„I did it" steht auf so manchem T-Shirt in Ocho Rios – und das meint dann, dass derjenige, der es trägt, die 200 m hohen Wasserfälle hinaufgestiegen ist. Dem größten Gedränge mit Besuchergruppen kannst du aus dem Weg gehen, wenn du schon vormittags kommst (Badeschuhe nicht vergessen!). *Tgl. 8.30–16 Uhr | Eintritt 23 US$ | westlich an der A 3*

INSIDER-TIPP
Am besten vormittags

ESSEN & TRINKEN

EVITA'S

Italienische *cucina casalinga* in ihrer besten – karibisch beeinflussten – Form. Der Blick über Ocho Rios ist fantastisch. *Gegenüber vom Taj Mahal*

Die Dunn's River Falls garantieren herrlich erfrischendes Vergnügen

Shopping Center | Tel. 876 9 74 23 33 | evitasjamaica.com | €€

OCHO RIOS VILLAGE JERK CENTRE
Freu dich auf eiskaltes Red-Stripe-Bier sowie auf höllisch scharfes *jerk chicken* und *jerk pork. Tgl. ab 11 Uhr | Da Costa Drive | Tel. 876 9 74 25 49 | Facebook: Ocho Rios Jerk Centre | €*

SHOPPEN

HARMONY HALL
Schon das typisch jamaikanische Plantagenhaus ist ein Kunstwerk – und ein schöner Rahmen für die Kunstgalerie mit Kunsthandwerk im ersten Stock. *Di–So 10–17.30 Uhr | an der Straße nach Oracabessa | harmonyhall.com*

SPORT & SPASS

MYSTIC MOUNTAIN
Verrückter Spaß: der Sky-Explorer-Sessellift bringt dich 700 m rauf zum Mystic Mountain. Dort kannst du dich dann über eine 1000 m lange Zipline wieder herabschwingen. Oder du setzst dich in einen Bob und saust auf Schienen runter durch den Regenwald; auch Kombitickets, z. B. bei *Rainforest Adventures (rainforestadventure.com).*

MOUNTAINBIKE-TOUREN
Abwechslungsreiche Mountainbike-Ausflüge, u. a. mit Besuch einer Kafferösterei und Bad im Wasserfall, bieten *Blue Mountains Bicycle Tours (8.30–17 Uhr für 135 US$ | Santa Maria Plaza, Mainstreet 121, Shop 15 | Tel. 876 9 74 70 75 | bmtoursja.com)* an.

STRÄNDE

TURTLE BEACH
Rund 500 m langer Hauptstrand von Ochos Rios, flacher Einstieg, gut geeignet für Kinder und Nichtschwimmer, gesäumt von Resorts, viele Touristen.

AUSGEHEN & FEIERN

AMNESIA NIGHT CLUB
Angesagte Dancehall-Disko mit Terrasse zum Chillen. *Mi–So 21–4.30 Uhr | 70 Main Street*

RUND UM OCHO RIOS

6 FIREFLY ESTATE
28 km östlich, 30 Min. mit dem Auto über die A3 via Oracabessa

Allein schon wegen der tollen Aussicht lohnt die Fahrt nach *Port Maria* hinauf zum Firefly Estate, dem Haus des englischen Schauspielers, Schriftstellers und Komponisten Noël Coward (1899–1973); es ist heute ein Museum. *Mo–Do 9–17 Uhr | Eintritt 10 US$ | 30 Min. | F7*

7 BOB MARLEY CENTRE & MAUSOLEUM ★
45 km südlich, 1.10 Std. mit dem Auto über die A1

Die Fahrt ins kleine Bergdorf *Nine Miles* ist ein holpriges Abenteuer. Um das Geburtshaus von Bob Marley bieten sich reichlich Führer an (weniger stressig: eine organisierte Tour). Am Berg Zion beim Grabhaus musst du die Schuhe ausziehen. *Tgl. 8–17 Uhr | Eintritt 25 US$ | ⏲ 1 Std. | F7*

MONTEGO BAY

(E7) **Natürliche Hafenbuchten, schöne Strände und gute Verbindungen ins gebirgige Hinterland haben die zweitgrößte Stadt Jamaikas (110 000 Ew.) geprägt.**
Früher ein bedeutender Hafen für Zucker, Melasse und Sklaven ist sie heute Jamaikas touristisches Einfallstor.

SIGHTSEEING

ROSE HALL GREAT HOUSE ★

Wegen ihrer obszönen Grausamkeiten gegenüber ihren Sklaven wurde die Herrin des Great House (1770) auch „Weiße Hexe von Rosehall" genannt. *Tgl. 9–17, 18.30–21.30 Uhr | Eintritt 25 US$, abends „Spuk"-Führungen | östl. Ortsrand | ⏲ min. 45 Min.*

ESSEN & TRINKEN

CHILL OUT HUT

Strandrestaurant an der A1 (Nähe Greenwood Great House), auch mit lokalen Spezialitäten wie *ackee*. Mitnahmeservice. *Mo–Fr 11.15–19.15, Sa 10.30–18.30 Uhr | Longbay | Tel. 876 620 87 20, 876 879 04 81 | €–€€*

Nach dem scharfen Jerk-Essen hilft ein kühler Cocktail

HOUSEBOAT GRILL

Auf dem Oberdeck des Hausboot-Restaurants kannst du an Cocktails nippen und den Blick übers Meer genießen und drinnen durch den teilweise verglasten Boden Rochen und Barrakudas beobachten. *Southern Cross Blvd. | Montego Freeport | Tel. 876 979 88 45 | thehouseboatgrill.com | €€*

STRÄNDE

CORNWALL BEACH

Kein großer, aber schön goldener Strand mit klarem Wasser; gut zum Schnorcheln.

DOCTOR'S CAVE BEACH

Urzelle des Tourismus in „Mobay", benannt nach einem Arzt, der hier in 1920er-Jahren ein Kurhaus eröffnete; bis 10 Uhr noch einigermaßen ruhig. *Eintritt 6 US$*

Am Seven Mile Beach von Negril chillt man gern einen ganzen Tag

AUSGEHEN & FEIERN

MARGARITAVILLE CARIBBEAN

It's party time: Wasserpark, Restaurants und Nachtclub sorgen in diesem Vergnügungscenter für Dauerspaß. *Gloucester Ave. 876 | Tel. 876 9 52 47 77 | Abholservice von den Hotels | margaritavillecaribbean.com*

RUND UM MONTEGO BAY

8 GREENWOOD GREAT HOUSE

24 km östlich, 35 Min. mit dem Auto über die A 1

Altes Plantagenhaus mit wertvollen Antiquitäten und Musikinstrumenten. *Tgl. 9–18 Uhr | Eintritt 20 US$ | greenwoodgreathouse.com | 30 Min. | E7*

9 FALMOUTH

34 km östlich, 45 Min. mit dem Auto über die A 1

In die schöne natürliche Bucht der kleinen Stadt (7400 Ew.) mündet der für seine Floßfahrten berühmte ★ *Martha Brae River*. Ausgangspunkt der gemütlichen Touren ist das *Martha Brae Rafting Village (tgl. 9–17 Uhr | 60 US$/2 Pers. | ca. 10 Min. mit dem Auto landeinwärts über die Market Street). E7*

NEGRIL

(E7) **Seine Beliebtheit verdankt Negril (4600 Ew.) den Hippies, die hier in den 1970er-Jahren ein Robinson-Crusoe-Leben führten.**

Den Hütten der Blumenkinder wichen mittlerweile unkonventionellen Resorts. Abends tanzt man hier noch immer zu Reggae am Strand. Im *Community Centre* gibt's Kunsthandwerk.

SIGHTSEEING

RICK'S CAFÉ

Weltberühmt: die Klippenspringer rund um Ricks Café. Unbedingt rechtzeitig einen Platz sichern! Wenn die Sonne erst untergegangen ist, ist auch Schluss mit dem Spektakel. *Tgl. 15–22 Uhr | West End Road | Tel. 876 9 57 03 80 | rickscafejamaica.com*

ESSEN & TRINKEN

ROCKHOUSE

Tolle Lage auf Klippen am Meer, sehr gute Küche, z. B. die *coconut shrimps. Westend Road (Rockhouse Hotel) | Tel. 876 9 57 43 73 | rockhouse.com | €€–€€€*

STRÄNDE

SEVEN MILE BEACH

Kilometer um Kilometer weißer Bilderbuch-Sandstrand.

AUSGEHEN & FEIERN

THE JUNGLE

Einer der besten Nachtclubs Jamaikas, mit zwei Tanzflächen (eine mit Klima-Anlage) und sieben Bars auf drei Etagen, VIP-Lounge, auf Wunsch Abholung vom Hotel. *Do–Sa ab 22 Uhr | Eintritt 20 US$ | Norman Manley Blvd. | the-jungle-negril.com*

RUND UM NEGRIL

10 BLACK RIVER

75 km westlich, 2 Std. mit dem Auto über die A 2

Der „schwarze Fluss" sicherte der Hafenstadt Black River (4200 Ew.) früher ein Einkommen als Holzverschiffungshafen, heute beginnen hier die Bootsfahrten zu den Spitzkrokodilen und einer *Aufzuchtstation (J. Charles Swaby's South Coast Safari | tgl. 9–16 Uhr | Eintritt 20 US$ | Crane Road 1 | Tel. 876 9 65 25 13).*

INSIDER-TIPP **Lohnendes Hinterland**

Auf der A2 Richtung Landesinneres kommst du zur berühmten *Bamboo Alley* und über die B6 zu den *YS Falls* und dem *Appleton Rum Estate* (appletonestate.com). *E7*

SCHÖNER SCHLAFEN AUF JAMAIKA

HIDEAWAY IM HINTERLAND

Auf einem Hügel im Hinterland von Port Antonio liegt wunderschön das Hotel *Mockingbird Hill.* Angelegte Wege führen durch die üppige Vegetation der Hotelgärten. Die kunstinteressierten Besitzerinnen haben eine eigene Galerie. Die Zutaten für die Küche holen sie direkt vom benachbarten Bauern oder dem einheimischen Fischer. *10 Zi. | Tel. 876 9 93 72 67 | hotelmockingbirdhill.com | €€–€€€*

DOMINIKANISCHE REPUBLIK

ÜBERRASCHEND VIELSEITIG

Diesem Land, das sich mit Haiti die Insel Hispaniola (76 192 km²) teilt, kommt eine Schlüsselrolle in der Karibik zu. Denn als Kolumbus auf seiner ersten Reise vor der Nordküste Schiffbruch erlitt, hielt er es für Gottes Wille, dort die erste spanische Niederlassung zu erbauen.

Die meisten Orte des Landes (48 730 km²) gründete sein Bruder Bartolomé; an die Konquistadoren erinnert auch noch so manches Haus in Santo Domingos *Zona Colonial*. Heute ist die Dominikanische Re-

Fischerboot an der Playa Rincón in Las Galeras

publik (10,8 Mio. Ew.) das beliebteste Urlaubsziel der Karibik mit dem höchsten Berg und schönen Stränden. Dazu hilfsbereite Menschen, fröhliche Merengue und eine wechselhafte Geschichte – erst im Schatten des Inselwestens, dann unter französischer und haitianischer Herrschaft, abhängig von den USA und heute erfolgreiches Schwellenland. Das alles brachte eine besondere Bevölkerung hervor, die Touristen einfach mag. Ausführliche Infos im MARCO POLO Band „Dominikanische Republik".

DOMINIKANISCHE REPUBLIK

MARCO POLO HIGHLIGHTS

★ **ZONA COLONIAL**
Wo viele Konquistadoren Amerikas wohnten – ein Unesco-Welterbe voller Leben ➤ S. 80

★ **PARQUE NATIONAL LOS HAÏTISES**
Traumhaft verwunschene Kalksteinlandschaft – von Wasser umspült und geformt ➤ S. 85

★ LAS TERRENAS
Lebenslustige und kunstsinnige Oase von Ex-Hippies und Ex-Aussteigern ➤ S. 86

★ PUERTO PLATA
Schmucke viktorianische Hafenstadt am Fuß des Pico Isabel del Torres ➤ S. 87

★ RUINAS DE LA ISABELA
Grundmauern erinnern auf dem Kap Isabela an die erste Stadt von Kolumbus ➤ S. 89

★ PICO DUARTE
Schönes Ziel für Gipfelstürmer: der höchste Berg der Karibik ➤ S. 90

SANTO DOMINGO

(🕮 K7) **Sonnig und heiß breitet sich Santo Domingo (3 Mio. Ew.) an der Mündung des Río Ozama aus, gesäumt von einem kilometerlangen Küstenstreifen.**

Ganzer Stolz ist ihre Urzelle direkt am Kreuzfahrthafen: die ★ *Zona Colonial*, seit 1990 Unesco-Weltkulturerbe. So manches alte Haus hier schrieb große Geschichte und blieb doch voller Leben – sei es als Restaurant oder Bar.

SIGHTSEEING

CATEDRAL DE SANTA MARÍA LA MENOR

Den Grundstein zu der imposanten gotischen Kathedrale soll der Sohn von Kolumbus, Diego de Colón, schon 1510 gelegt haben. Noch unvollendet, erhob sie der Papst 1546 zur „Catedral Primada de América". Den ehemaligen Haupteingang an der Calle Arzobispo Meriño verzieren üppige Steinmetzarbeiten. 1877 fand Padre Billini in der Kirche die (mutmaßlichen) Überreste von Kolumbus, für die zur 500-Jahr-Feier der Entdeckung Amerikas 1992 der *Faro a Colón* errichtet wurde. *Mo–Sa 9–16.30 Uhr | Eintritt 50, mit Audioguide 70 RD | ⏲ 25 Min.*

WOHIN ZUERST?

Ein guter Ausgangspunkt ist der **Parque Colón** mit dem Kolumbusdenkmal gegenüber der Kathedrale Santa María la Menor. Hier hält der kleine 👧 *Chu-Chu-Colonial-Zug (tgl. 16 Abfahrten zwischen 9 und 17 Uhr | Erw. 500, Kinder 300 RD)* für Altstadt-Rundfahrten. Hier findest du Cafés und Restaurants und kannst die Altstadt auch bequem zu Fuß erkunden.

CALLE LAS DAMAS

Von der *Plaza de Colón* kommst du über die Calle Conde zur Calle Las Damas mit den ältesten Häusern der Altstadt: der *Fortaleza Ozama (Nr. 1502 | Di–So 9–17 Uhr | Eintritt 70 RD | ⏲ 45 Min.)*; daneben das Haus des Kolumbienentdeckers Rodrigo de Bastidas – heute das 👧 *Museo Infantil Trampolin (Di–Fr 9–17 Uhr | Eintritt 100, Kinder 60 RD | trampolin.org.do | ⏲ 1 Std.)*. Schräg gegenüber wohnte der Eroberer Mexikos, Hernán Cortés (heute französische Botschaft). Und einige Häuser weiter wieder auf der rechten Seite siehst du das (heute in ein Hotel ungewandelte) Haus des Stadtgründers Nicolás de Ovando und des Ratsherrn Diego de Dávila. Die Sonnenuhr neben der Hauskapelle der Dávilas sorgte für Pünktlichkeit bei den Audienzen im ersten Rathaus und Gerichtsgebäude Amerikas, der gegenüberliegenen *Real Audiencia*, heute *Museo Casa de la Real Audiencia (Di–Sa 9–17, So 9–16 Uhr | Eintritt 100 RD | ⏲ 1 Std.)*. Drinnen wirst du in die Anfänge der Stadt zurückversetzt.

PLAZA ESPAÑA

Die große Plaza schmückt ein Denkmal des Stadtgründers Nicolás de

Seefahrer mit „Selfie-Stick" auf der Plaza Colón vor der „Catedral Primada de América"

Ovando, vor allem aber wird er dominiert vom massiven Kalksteinpalast *Alcázar de Colón (Di–Sa 9–17, So 9–16 Uhr | Eintritt 100 RD | ⏲ 1 Std.)*, in dem der Sohn von Kolumbus nach dessen posthumer Rehabilitation als sein Erbe als 1. Vizekönig Neuspaniens residierte. Immer freitagabends finden auf dem Platz vor dem angestrahlten Alcázar Tänze oder andere Veranstaltungen statt.

INSIDER-TIPP
Santo Domingo de Fiesta

PLAZA DE LA CULTURA

Die drei wichtigsten Museen des Landes auf einem Platz: Das *Museo de Arte Moderno (Di–So 10–18 Uhr | Eintritt 50 RD | ⏲ 1 Std.)* spiegelt das dominikanische Kunstschaffen wider. Das *Museo del Hombre Dominicano (Di–So 9–17 Uhr | Eintritt 100 RD | ⏲ 1 Std.)* bringt dir die multiethnische Gesellschaft des Landes näher. Im *Museo Nacional de Historia Natural (Di–Sa 9–17 Uhr | Eintritt 50 RD, ab 65 J. gratis | mnhn.gov.do | ⏲ 1 ½ Std.)* begrüßen dich die pfeifenden Gesänge der Buckelwale. Zur Plaza de la Cultura gehört auch das *Teatro Nacional (teatronacional.gob.do). Avda. Máximo Gómez/Ecke Avda. Pedro Henríquez Ureña*

PARQUE NACIONAL LOS TRES OJOS

Die Hauptattraktion der dreiteiligen, 16 m tiefen Höhle am Ostrand der Stadt ist die Floßfahrt über einen unterirdischen See. *Tgl. 8–17 Uhr | Eintritt 250 RD | Avda. Las Ámericas/Ecke Parque Mirador del Este | ⏲ 45 Min.*

ESSEN & TRINKEN

LA BRICIOLA

Elegante Atmosphäre für's Candle-light-Dinner in einem restaurierten Palacio mit Patio und Bar *Doubles. Mo–Sa 12–24, So 12–18 Uhr | Zona Colonial, Calle Arzobispo Meriño 152/Ecke Calle Padre Billini | Tel. 809 6 88 50 55 | labriciolasantodomingo.com | €€€*

FONDA DE LA ATARAZANA

Der Klassiker unter den Restaurants in der Nähe des Alcazár, in einem der ältesten Häuser, mit Patio. Sehr schöne Open-Air-Bar-Terrasse *Salomé* gegenüber. *Mo–Sa 16–23 Uhr | Zona Colonial, La Atarazana 5 | Tel. 809 6 89 29 00 | restauranteatarazana.com | €€–€€€*

SHOPPEN

Eine gute Adresse für Bernstein ist das *Museo Mundo de Ámbar (Calle Arzobispo Meriño 452 | amberworld museum.com).* Den himmelblauen Halbedelstein Larimar gibt es im *Museo de Larimar (Calle Isabel La Católica 54 | larimarmuseum.com)*, wo dich im Obergeschoss ein aufschlussreiches *Museum (Eintritt frei)* erwartet.

Kunsthandwerk findest du in der Fußgängerzone *Calle El Conde (Zona Colonial)*: jede Menge Souvenirgeschäfte mit T-Shirts, Schnitzereien und (haitianischer) Kunst.

Kurioses wie Glückbringer oder Liebestropfen gibt es auf dem chaotischen *Mercado Modelo (Avda. Mella 505).*

SPORT & SPASS

FAHRRADVERLEIH

Mit Werkstatt und kleiner Bar ausgerüstet ist der Fahrradverleih *Zonabiki (Mo–Fr 9–20, Sa/So 9–21 Uhr | ab 300 RD für 1 Std. | Calle Arzobispo Meriño 207)*.

AUSGEHEN & FEIERN

ONNO'S BAR

Ein altes Haus mit Nischen zum Plaudern, Kuscheln und Spielen in der oberen Etage und Tanzfläche im Innenhof bietet den perfekten Rahmen für eine im ganzen Land angesagte Disko-Bar. *Mi–So 17–3 Uhr | Calle Hostos 157/Ecke Calle El Conde | onnosbar.com*

RINCONCITO D'DON GUILLERMO

Jeder kann mittanzen: Auf dem kleinen Platz vor den Ruinen des Klosters *Monasterio de San Francisco* (16. Jh.) heizen immer sonntags ab 17 Uhr kostenlos Son-, Salsa-, Bachata- oder Merenguebands Tänzern jeden Alters ein. *Calle Hostos/Ecke Calle Emiliano Tejera*

RUND UM SANTO DOMINGO

1 BOCA CHICA

38 km östlich, 40 Min. über die Autopista Las Américas/del Este

Der Badeort, der Santo Domingo am nächsten liegt, ist Boca Chica (22000 Ew.) mit dem Internationalen Flughafen *Las Américas*, dem Taucherparadies *La Caleta* und seiner schönen Badebucht. Ungewöhnliche Bastelarbeiten und Kunstwerk gibt's bei *Manos Dominikanos (Mo–Sa 10–18 Uhr | Calle Duarte)*; die Marke begründete die Ehefrau eines früheren Präsidenten. *K7*

INSIDER-TIPP
Ausgefallenes Kunsthandwerk

2 JUAN DOLIO

63 km östlich, 60 Min. über die Autopista Las Américas/del Este

Nur 25 km weiter liegt *Juan Dolio*, der zweite Badeort der Großstädter, mit seinem dörflichen Villenvorort *Guayacanes* und Apartmenthochhäusern in *Villas del Mar*. Dazwischen wie ein Oase: der alte Ortsteil mit einem schönen aufgeschütteten Strand. Gute frische Meeresfrüchte bekommst du dort bei *Da Oreste (Mi–Mo 12–22 Uhr | Calle Principal | Tel. 829 6 40 64 37, 829 8 01 12 73 | €€–€€€)*. *K7*

LA ROMANA

(L7) **Spannende Kontraste erwarten dich in der alten Zuckerstadt (202 000 Ew.).**

Auf der einen Seite des Río Dulce Alltagstreiben und die Zuckerfabrik (*centralromana.com.do*). Auf der anderen Seite das luxuriöseste Resort im ganzen Land: Das *Casa de Campo (casadecampo.com.do)* mit eigenem Flug- und Yachthafen.

SIGHTSEEING

ALTOS DE CHAVÓN

Das Kunstprodukt Altos de Chavón war ursprünglich das Geschenk eines Zuckerfabrik-Präsidenten an seine Tochter. Malerisch thront es mit Kirche, archäologischem Museum, Amphitheater, Restaurants und Läden hoch auf einem Felsplateau über dem Río Chavón. Eintritt am Haupt- oder Nebeneingang des Casa-de-Campo-Resorts. *Ctra. La Romana–Higüey | Eintritt 20 US$ | altosdechavon.com | ⏲ 1 Std.*

ESSEN & TRINKEN

CHINOIS

Hier kannst du auch im Freien unter Lampions speisen. Super Service und gute asiatische Küche. *Tgl. | Calle Duarte/Ecke Calle Restauración | Tel. 809 5 50 59 77 |* €€

RUND UM LA ROMANA

3 CUEVA DE LAS MARAVILLAS

25 km westlich, 30 Min. mit dem Auto über die Autopista 3

Mit Besucherzentrum, behindertengerechten Rampen und durchzogen von einem 240 m langen Museumspfad mit automatischer Lichtanlage überstrahlt diese Höhle alle anderen im Land. Zur archäologischen Kostbarkeit wird sie aber erst so richtig durch ihre vielen Taíno-Felszeichnungen. *Di–So 9–17 Uhr | Eintritt 300 RD | Autovía del Este, zw. San Pedro de Macoris und La Romana | ⏲ 45 Min. |* *L7*

In schöner Lage: das künstliche Dorf Altos de Chavón in La Romana

4 BAYAHIBE

25 km östlich, 30 Min. mit dem Auto über die Autopista 3

Herrliche weiße Korallensandstrände, vor der Haustür des *Parque Nacional Cotubanamá* mit der traumhaften *Isla Saona* und im Kern noch dörflich: In *Bayahibe* (ca. 3000 Ew.) findest du noch etliche kleine Hotels und Restaurants. *L7*

PUNTA CANA

(*L6*) **Die etwa 50 km lange Costa de Coco rund um Punta Cana mit ihren über 60 Resorts ist wie eine Bühne für den perfekten Tropentourismus.**

Besonders schön: Die Strände dieser größten zusammenhängenden Ferienregion der Karibik werden fast über ihre ganze Länge von einem vorgelagerten Saumriff begleitet.

ESSEN & TRINKEN

CAPTAIN COOK

Große Grillpfannen im Freien künden schon von Weitem von der duftenden Spezialität Meeresfrüchte. Tolle Lage direkt am Strand. *Tgl. 12–24 Uhr | Playa El Cortecito | Tel. 809 5 52 06 46 | €€–€€€*

SPORT & SPASS

ADVENTURE & CANOPY

Mit Sturzhelm und gut verhakt saust du bei *Canopy Adventure (40–80 US$ | Tel. 809 4 68 40 41 | canopyadventurezipline.com)* über acht straff gespannte Seile zu 12 Plattformen. Im *Bávaro Adventure Park (ab 99 US$ | Blvd. Turístico del Este, km 5,8 | bavaroadventurepark.com)* locken noch 14 weitere Attraktionen, darunter Flüge mit dem Flugsimulator.

STRÄNDE

Es gilt die Grundregel: Je weiter südlich, umso ruhiger das Meer. Von den Strandabschnitten *Uvero Alto* bis zur *Playa Cabeza de Toro* sind die Abschnitte offen für Strandwanderer.

RUND UM PUNTA CANA

5 HIGÜEY

45 km westlich, 1 Std. mit dem Auto über die Ctra. Higüey

Die architektonisch verwegene, der Schutzpatronin des Landes geweihte Wallfahrtskirche *Nuestra Señora de la Altagracia* von 1971 und ihr Museum locken nicht nur Gläubige in die lebhafte Provinzhauptstadt (140 000 Ew.). Gegründet 1594 ist Higüey eine der ältesten Städte des Landes. Auch die trutzige *Iglesia Don Dionisio* (16. Jh.), in der ursprünglich das Bild der *Altagracia* (Heiligen Jungfrau) aufbewahrt wurde, ist einen Blick wert. *L6*

6 PARQUE NACIONAL LOS HAÏTISES ★

123 km nordöstlich, 2 Std. mit dem Auto via Miches über die 104

Vom selbstvergessenen *Sabana de la Mar* (16 000 Ew.) kannst du mit einer Personenfähre über die Samanábucht nach *Santa Bárbara de Samaná* übersetzen, außerdem den großartigen *Nationalpark Los Haïties* besuchen. Er besteht aus erodierten, teils von Wasser umströmten und von Höhlen durchlöcherten Kalksteinfelsen. Ein Eingang liegt nahe dem *Hotel Paraíso Caño Hondo (Tel. 829 2 59 87 43 | paraisocanohondo.com | €€–€€€ | auch Vermittung von Führern).* *K6*

SAMANÁ

(L6) **Eine herrliche Promenade mit Aussichtstürmen und Fährhafen schmückt den Hauptort der bei Individualisten beliebten Halbinsel Samaná.**

Viele der ca. 110 000 Einwohner sind noch Nachkommen der hier in haitianischer Zeit (1822–44) angesiedelten befreiten Sklaven aus den USA. Ihren Dialekt Samané kannst du noch auf dem Markt hören. In der Walbeobachtungssaison *(Anfang Jan.–Ende März)* starten hier die besten Ausflüge *(whalesamana.com).*

SIGHTSEEING

MUSEO DE LA BALLENA

Du willst Wale sehen? Außerhalb der Buckelwalsaison musst du mit diesem informativen Walmuseum vorliebnehmen. *Mo–Fr 8.30–17.30 Uhr | Eintritt 100 RD | Avda. La Marina/Ecke Tiro al Blanco, Santa Bárbara de Samaná | Tel. 809 5 38 20 42 | Facebook: Museo de la Ballena | 20 Min.*

ESSEN & TRINKEN

CAFÉ PARIS

Hier trifft man sich zum *petit déjeuner* mit Croissants, zu Crêpes oder zur Caipirinha. *Di geschl. | Malecón 6 | Tel. 829 2 84 21 67*

TIERRA MAR

In dem halboffenen Restaurant speisen auch die Einheimischen gern; günstiger Mittagstisch, abends Barbetrieb. *Tgl. | Avda. María Trinidad Sánchez | Tel. 809 5 38 24 36 | €*

RUND UM SAMANÁ

7 EL LIMÓN

25 km nordöstlich, 30 Min. mit dem Auto

In dem kleinen Dorf bringen dich trittsichere Pferde *(ab 30 US$)* zu der Stelle, wo der Fluss Limón 40 m in die Tiefe stürzt. Im Pool kannst du baden, wenn sich nicht gerade Wasserfallspringer hineinstürzen. *Santí Exkursiones | cascadalimonsamana. com | L6*

8 LAS TERRENAS ★

41 km nordöstlich, 1 Std. mit dem Auto via Limón

Vom Aussteiger- zum Lieblingsort nicht angepasster Kreativer: das quirlige bis mondäne Las Terrenas liegt an der Nordseite der Samaná-Halbinsel. In der

Obst- und Gemüsestände auf dem Markt von Las Terrenas

Restaurantmeile *Pueblo de Pescadores*, ursprünglich eine Reihe von Fischerhütten am Strand, hast du die Qual der Wahl; besonders empfehlenswert ist *La Terrasse (tgl. 11.45–15, 18–24 Uhr | Tel. 809 2 40 67 30 | €€–€€€)*. Die schönste Strandmeile in Las Terrenas ist die *Playa Cosón* am westlichen Ortsende. *K6*

PUERTO PLATA

(K6) **Die größte ★ Stadt (125 000 Ew.) an der Nordküste hat überraschend attraktive Seiten: eine viktorianische Altstadt, einen 5 km langen Malecón und im Rücken den Pico Isabel de Torres (793 m).**

1495 von Bartolomé Colón gegründet, erblühte sie unter Gregorio Luperón (1838–98), der das Land von Puerto Plata aus regierte. Aus dieser Zeit stammen u. a. der alte *Bahnhof* der Strecke Santiago–Puerto Plata beim *Hafen* und der *Glorieta-Pavillon* im *Parque Independencia*.

SIGHTSEEING

PARQUE TURÍSTICO Y PAISAJÍSTO DE LA PUNTILLA

Zum Park im Westen des Malecón gehören ein bis zu 4000 Personen fassendes *Anfiteatro* und die *Fortaleza San Felipe* (1541, Ursprung 1502) *(Di–So 9–16.45 Uhr | Eintritt 100 RD | 30 Min.)*, die einst den Hafen vor Piraten schützte. Innen siehst du Waffen aus der Zeit der zwei Befreiungskriege.

MUSEO DEL ÁMBAR

Der ungewöhnlich klare dominikanische Bernstein wird in der *Cordillera Septentrional* gefunden und ist berühmt für seine vielen Einschlüsse. Die wertvollsten Exemplare zeigt das Museum. *Mo–Sa 9–18 Uhr | Eintritt 100 RD | Calle Duarte 61 | ambermuseum.com | ⏲ 30 Min.*

PICO ISABEL DE TORRES

Bei klarem Wetter erwarten dich während der Gondelbahnfahrt auf den Pico (793 m) ein toller Blick über die Nordküste – und oben eine Christus-Statue und ein Gipfelreservat mit Wanderwegen. *Tgl. 8.30–17 Uhr | 350 RD | Avda. Circúnvalación*

ESSEN & TRINKEN

D'DOMINGO

Ja, hier bist du richtig: Der unscheinbare *Comedor* ist eine ausgesucht gute Adresse für Meeresfrüchte – alles frisch und lecker. *Tgl. 7–21 Uhr | Calle Villa Nueva 31 | Tel. 809 7 39 60 53 | €*

PAPILLON

Bei Thomas Ackermann gibt es das beste Pfeffersteak von ganz Puerto Plata. Bitte reservieren! *Mittags und Mo geschl. | Cofresí (Wegweiser an der Hauptstr.) | Tel. 809 9 70 76 40 | le-papillon.de | €€*

SHOPPEN

Bei *Ron Brugal (Mo–Fr 8–16, Sa 8–12 Uhr | Avda. Luis Ginebra, schräg gegenüber Plaza Turisol | brugal-ron.com)* kannst du für 5 US$ die Fabrik besichtigen und zwei Rumsorten probieren. Die meisten Geschäfte findest du im *Playa-Dorada-Komplex (playadorada.com.do).*

RUND UM PUERTO PLATA

9 SOSÚA

25 km östlich, 30 Min. mit dem Auto über die Küstenstraße Ctra. 5

Schöner, verwinkelter Ort (49 600 Ew.) auf den Klippen über der Badebucht Playa Sosúa. Dass er in den 1940er-Jahren von naziverfolgten Juden aus Deutschland und Österreich gegründet wurde, daran erinnert heute nur noch das *Museo de la Communidad Judía de Sosúa (Mo–Fr 9–13, 14–18, Sa 9–13 Uhr | Eintritt 150 RD | Calle Dr. Alejo Martínez | sosuamuseum.org | ⏲ 30 Min.)*. Die Straße der Bars und Restaurants (und der Prostitution) ist die *Calle Pedro Clisante.* K6

10 CABARETE

39 km östlich, 50 Min. mit dem Auto über die Küstenstraße Ctra. 5

Das lebenslustige Cabarete (etwa 14 600 Ew.) ist das Topziel für Kite- und Windsurfer im Land. Hier findest du aber auch einen bekannten Outdoor-Sportveranstalter: *Mama Iguana (u. a. Wasserfallklettern, Mountainbiketrips, Trekking | Calle Principal 74 | Tel. 809 5 71 09 08 | iguanamama.com)*. Bis zu 20 m unter dem Meeresspiegel liegen die Lagunen in den Höhlen des Nationalparks *El Choco* *(tgl. 8.30–17 Uhr | Eintritt 20 US$ | Callejón de la Loma |*

INSIDER-TIPP
Riesiges Höhlensystem

Alle schwindelfrei? Seilbahnfahrt auf den Pico Isabel de Torres in Puerto Plata

1 Std.). Die 10 km lange *Playa Cabarete* säumen vielen Strandrestaurants und Bars, in denen abends Party angesagt ist. *K6*

11 RUINAS DE LA ISABELA ★

65 km westlich, 1 ½ Std. mit dem Auto via Imbert und Luperón

Denkwürdiger Ort auf dem Kap Isabela, auch wenn nur die Grundmauern der ersten spanischen Niederlassung in Amerika, des 1494 erbauten *Villa Isabela*, blieben. Das Haus von Kolumbus wurde rekonstruiert. Gutes kleines Museum. *Tgl. 8–17 Uhr | Eintritt 100 RD | K6*

SANTIAGO

(*K6*) Über die Autopista Duarte kommst du direkt ins Herz der Stadt: dem 67 m hohen *Monument für die Helden der Wiederherstellung der Republik (Di–So 9–17 Uhr | Eintritt 100 RD | Calle del Sol | 30 Min.).*

Mit über einer halben Mio. Einwohner ist Santiago die zweitgrößte Stadt des Landes, 1495 von Kolumbus und seinen *Caballeros* (offiziell heißt die Stadt Santiago de los Caballeros) am Ufer des Río Yaque del Norte gegründet. Ihren Wohlstand verdankt sie dem Tabak- und Zuckerhandel. Ihre Blütezeit erlebte sie im 19. Jh. mit ihrem Verschiffungshafen Puerto Plata nach dem 2. Unabhängigkeitskrieg des Landes.

SIGHTSEEING

CENTRO LEÓN

Faszinierendes multimediales Kultur- und Kunstzentrum. *Di–So 10–19 Uhr | Eintritt 150, Kinder 100 RD, Di Eintritt frei | Avda. 27 de Febrero 146,*

Urzeitliche Echsen: Nashorn-Leguane am Besucherzentrum des Enriquillo-Nationalparks

Villa Progreso | centroleon.org.do | 40 Min.

ESSEN & TRINKEN

KUKARA MACARA COUNTRY BAR & RESTAURANT

Eine Ranch wie in Texas, die sich auf die Steakzubereitung versteht. Große Auswahl an Salaten. *Tgl. 10–1 Uhr | Avda. Francia 7 (gegenüber vom Monument) | Tel. 809 2413143 | Facebook: Kukaramacara Country Bar & Restaurant | €€*

RUND UM SANTIAGO

12 CONCEPCIÓN DE LA VEGA

40 km südlich, 45 Min. mit dem Auto über Autopista 1

Die Hauptstadt (450 000 Ew.) der fruchtbarsten und größten Provinz im Land ist berühmt für ihren Karneval. Die schönsten Maskeraden kannst du dir im *Museo Carnaval Vegano (Do–Sa 10–13, 14–18, So nur 10–13 Uhr | Eintritt 100 RD | Parque de las Flores | Facebook: Museo Carnaval Vegano | 40 Min.)* anschauen. K6

13 JARABACOA

55 km südlich, 1.10 Std. mit dem Auto über Autopista 1 und Ctra. 28

DAS Revier für Outdoorsportler. Die 530 m hoch gelegene Stadt (56 000 Ew.) liegt zwischen den quellfrisch aus den Bergen kommenden Ríos Baiguate, Jimenoa und Yaque del Norte. Schnell bist du von hier auch am Startpunkt der kürzesten Gipfelroute auf den 3087 m hohen ★ *Pico Duarte*. *Rancho Baiguate (Tel. 809 5746890 | ranchobaiguate.com)* bietet u. a. Riverrafting, Wasserfallklettern und Trekking an. Willst du noch höher hinaus? Von Jarabacoa kommst du auf guter Straße nach 46 km nach *Constanza* (1200 m). K6

BARAHONA

(🕮 J7) **Der „wilde (Süd-)Westen" des Landes: Die Hafenstadt Barahona (56 000 Ew.) ist Drehscheibe für Ausflüge in das Biosphärengebiet Jaragua-Bahoruco-Enriquillo, der Halbinsel Baoruco und ihrem Nationalpark Jaragua sowie Tor nach Haiti.**

Südlich entlang der Halbinsel Baoruco windet sich die Costa Sur, mit zum Teil atemberaubenden Ausblicken entlang der Küste von Dorf zu Dorf. Die besten Ausflüge bietet *Ecotour Barahona (ecotourbarahona.com)*.

ESSEN & TRINKEN

BRISAS DEL CARIBE

Zum besten Blick auf die Bucht gibt's hier auch die besten Meeresfrüchte. Am Wochenende Musik. *Tgl. | Avda. Enriquillo 73 | Tel. 809 5 24 27 94 | €€*

RUND UM BARAHONA

14 LAGO ENRIQUILLO

94 km nordwestlich, 2 Std. mit dem Auto via Neiba

Ursprünglich ein Meeresarm breitet sich der rund 300 km² große salzige Lago Enriquillo zwischen zwei Gebirgen aus. Im See leben letzte wilde Spitzkrokodile und am Nationalparkeingang vor *La Descubierta* warten halbzahme Nashornleguane auf Bananen. Benannt wurde der Enriquillo-See nach dem Sohn des Kaziken von Baoruco, der die Spanier in einen Guerillakrieg bekämpfte; versteckt haben soll er sich u. a. in der Höhle *Las Caritas*, die nur ein paar Schritte östlich des Nationalparkeingangs im Hang liegt. *🕮 J7*

15 PARQUE NACIONAL JARAGUA

74 km südlich, 1 ½ Std. mit dem Auto über die Costa Sur

Schlusslicht der Halbinsel *Baoruco* ist der Nationalpark Jaragua. Am Eingang bei *Oviedo* erwartet dich ein *Centro de Visitantes (tgl. 6–18 Uhr | Eintritt 100 RD)* mit Beobachtungsturm, von dem du die Flamingolagunen sehen kannst (beste Zeit: März–Okt.). Die *Bahía de las Águilas* und ihr herrlicher wilder Strand liegen mit dem Auto gut 50 km weiter auf der Westseite des Nationalparks *(Zufahrt vor Pedernales links bis Las Cuevas, dort Bootstranfers)*. *🕮 J7*

HAITI

Trotz immer wieder aufflackernder Unruhen kann das gebeutelte Nachbarland wieder bereist werden, individuell allerdings nur mit besonderer Vorsicht *(siehe Reisehinweise zu Haiti unter auswaertiges-amt.de)*. Die Busse von *Caribe-Tours (caribetours.com.do)* steuern von Santo Domingo Cap Haïtien im Norden an und via Barahona auch Petionvile/Port-au-Prince im Süden.

PUERTO RICO

SPANNENDER LATIN-AMERICAN MIX

Highway-Wirrwarr in der Hauptstadt, aber jede Menge wildromantischer Serpentinenstraßen im gebirgigen Inselinneren, Traumstrände vor Wolkenkratzern und doch gibt es auf der Insel das einzige Regenwaldgebiet-Schutzgebiet der USA: Die kleinste Insel (9 099,8 km²) der Großen Antillen ist in vielerlei Hinsicht voller Widersprüche.

Auch politisch: Alle sprechen spanisch (oder „spanglish"), obwohl Puerto Rico zu den USA gehört. Den US-Präsidenten dürfen die Puer-

Hotel El Convento und die Kathedrale San Juan Bautista in der Altstadt von San Juan

toriqueños nicht wählen, werden aber außenpolitisch von den USA vertreten. Alles eine Folge des Spanisch-Amerikanischen Krieges (1898). Das hat den meisten der rund 3,5 Mio. Insulanern den höchsten Lebensstandard Lateinamerikas gebracht, aber auch Konflikte z. B. mit der US-Navy. Ungewöhnlich präsent ist noch das Erbe der Ureinwohner: Du findest hier die größten Anlagen aus der Taíno-Zeit. Laut einer DNA-Analyse fließt in den Puertoriqueños noch zu 61 % Taíno-Blut. Die Taíno nannten ihre Insel Borikén.

PUERTO RICO

MARCO POLO HIGHLIGHTS

★ ALTSTADT VON SAN JUAN
Enge Gassen, bonbonfarbene Kolonialhäuser und massive Festungen laden zum Schauen und Ausgehen ein ➤ S. 96

★ EL YUNQUE NATIONAL FOREST
Der einzige tropische Regenwald der USA ist ein wahres Wanderparadies ➤ S. 100

★ BAHÍA MOSQUITO
Die eindrucksvollste unter den nachts leuchtenden Buchten im Land ➤ S. 101

★ PONCE
In der „Perle des Südens" erinnern prächtige Bauten an glanzvollere Zeiten ➤ S. 101

★ RINCÓN
Der Hotspot des Westens zum Baden, Surfen und Ausgehen ➤ S. 104

★ CAGUANA INDIGENOUS CEREMONIAL PARK
Taíno-Botschaften verzaubern die größte erhaltene Zeremonienstätte in der Karibik ➤ S. 105

★ ARECIBO OBSERVATORY
Weltberühmtes Radioteleskop, das in Hollywoodfilmen eine tragende Rolle spielte ➤ S. 105

SAN JUAN

(🕮 N6) **Ein Teil Florida, ein Teil New York, ein Teil Altspanien – so ist die Hauptstadt Puerto Ricos (ca. 400 000 Ew.). Und das alles unter karibischer Sonne und malerisch verteilt über die Inseln und Halbinseln der großen Bahía de San Juan.**

Hier ankern riesige Luxusliner, braust der Verkehr über ein Gewirr von Schnellstraßen, wimmelt es von Fastfood-Restaurants und trifft man sich am Fuß so manchen Wolkenkratzers zur Mittagspause am Strand. Ein besonderes Kleinod ist die prominent auf einer Insel an der Einfahrt der Bucht gelegene ★ Altstadt mit ihren massiven Festungen, schmalen Gassen und bunten Kolonialhäusern. Unkompliziert ist das beliebte Viertel Santurce, vornehmer Condado. Und schnell erreicht sind die tolle Attraktionen des Südostens wie der Yunque-Nationalpark, Luquillo Beach, Fajardo und Ceiba mit dem Hafen für die Fähren auf die Inseln Culebra und Vieques.

WOHIN ZUERST?

Vom **Castillo San Felipe del Morro** aus liegt dir die Altstadt zu Füßen. Von hier aus spazierst du zur *Casa Blanca*, weiter zur *Catedral San Juan Bautista* und von dort aus zum *Alcaldía*, dem Rathaus an der *Plaza de Armas*. Parkgarage: *Paseo Portuario Estacionamiento* zwischen Calle del Recinto Sur und Comercio.

SIGHTSEEING

SAN JUAN NATIONAL HISTORIC SITE

Zu San Juans historischem Festungskomplex, seit 1983 Unesco-Welterbe, gehören das *Castillo San Felipe del Morro*, das *Castillo San Cristóbal*, die Festungsanlage *La Fortaleza*, die meisten Stadtmauern und das *Fort San Juan de la Cruz* auf der gegenüberliegenden Seite der Buchteingangs. Das mächtigste Bauwerk, das *Castillo San Felipe del Morro* (1539) *(tgl. 9–18 Uhr | Eintritt 7 US$, Kinder bis 15 J. frei | Altstadt, Norzagaray 501 | ⏲ 1 ½ Std.)*, wurde von den Spaniern zum Schutz der Hafeneinfahrt errichtet. Die Anlage erstreckt sich über verschiedene Ebenen. Lediglich einmal wurde die Festung eingenommen: der Angreifer kam von Land, da war der Weg noch nicht durch das dann 1783 auf dem *Cerro de la Horca* (Galgenhügel) fertiggestellte *Castillo San Cristóbal* versperrt. Urzelle San Juans aber ist *La Fortaleza* (1533–40) *(Altstadt, Calle Fortaleza 54 | geführte Besichtigungen Tel. 787 7 21 70 00 | fortaleza.pr.gov | ⏲ 30 Min. – Pass mitnehmen)*, auch *Palacio de Santa Catalina* genannt und ehemaliges Gerichtsgebäude *(Real Audiencia)*, seit 1846 die Residenz des Gouverneurs.

MUSEO DE LAS AMÉRICAS

Das Museum vermittelt dir anschaulich ein Bild von Puerto Ricos Kulturgeschichte, von den Ureinwohnern über die Eroberung durch die Spanier bis zur Angliederung an die USA. Auch der Sklaverei ist eine bewegende Ausstellung gewidmet. *Di–Fr 9–12, 13–16, Sa/So 12–17 Uhr | Eintritt 6 US$ | Altstadt, Cuartel de Ballajá | museolasamericas.org | 45 Min.*

CATEDRAL DE SAN JUAN

In der Kathedrale, die größtenteils aus dem 19. Jh. stammt, obwohl ihre Anfänge bis ins frühe 16. Jh. zurückreichen, ruht der erste Inselgouverneur Ponce de León in einem Marmorsarkophag. Besonders schön: die geschwungene Freitreppe. *Tgl. 8–17 Uhr | Altstadt, Cristo 153*

PLAZA DE ARMAS

Auf dem ältesten Platz fällt ein schönes Gebäude aus dem frühen 17. Jh. auf: das *Rathaus (Alcaldía)*; es wurde dem Rathaus von Madrid nachempfunden, besitzt einen stillen Innenhof und eine Galerie im ersten Stockwerk. Unter dem Motto *Adoquín Jamming Night* („Kopfsteinpflaster-Jamming-Nacht") sorgen hier und in der Umgebung jeden Freitagabend kostenlos gute Musiker und Bands für eine Superstimmung!

INSIDER-TIPP
Die Nacht der Livemusik

CASA BLANCA

Die Casa Blanca ist das älteste Gebäude der Stadt, sogar das älteste erhaltene Haus Puerto Ricos. Erbaut wurde sie 1521 für den Gouverneur Ponce de León, der allerdings starb, bevor er sie beziehen konnte. Fantastischer Blick über die Bucht aus dem 2. Stock.

Am Condado Beach kann man den Rest von San Juan nur erahnen

Mixt sie gerade eine? In San Juan wurde die Piña Colada erfunden

Mi–So 9–16.30 Uhr | Eintritt 3 US$ | Calle San Sebastián 1, nahe El Morro

PASEO DE LA PRINCESA

Geht's noch romantischer? Den berühmten „Weg der Prinzessin" erhellen alte Laternen, im Rücken steigen die Mauern von Old San Juan auf und vorn schweift der Blick weit über den Kreuzfahrthafen und das nächtlich erleuchtete San Juan. *Altstadt*

ESSEN & TRINKEN

BARRACHINA

Dass hier Puerto Ricos Nationalgetränk, die *Piña Colada*, erfunden wurde, sorgt allein schon für reichlich Zulauf, aber auch die Lage des Restaurants ist toll, mit Blick über die Bucht vor dem hinteren Eingang. Sehr gute Fisch-Platten, abends oft Flamencoshow. *Mo, Di, Do 11–20, Mi 11–17, Fr/Sa 11–23 Uhr | Altstadt, Calle Fortaleza 104 | Tel. 787 7 25 79 12 | barrachina.com | €€–€€€*

LA MALLORQUINA

Das älteste Restaurant in San Juan (gegr. 1848), nach mehrjähriger Renovierung wieder eröffnet. Die Küche zeichnet sich durch eine Mischung aus spanischen und puerto-ricanischen Spezialitäten aus (probier mal das Reisgericht *asopao!*). Innen blieb der „Alte-Welt"-Charme erhalten. *Di–So 12–18, Fr/Sa bis 21 Uhr | Altstadt, San Justo 207 | Tel. 787 7 22 32 61 | €€*

MARMALADE

Schick orange-weißes Dekor, schwarze Barhocker und Loungechairs mit weichen Kissen. Das Essen ist hervorragend! *Mo–Sa 17–22 Uhr | Altstadt, Cal-*

le Fortaleza 317 | Tel. 787 7 24 39 69 | marmaladepr.com | €€–€€€

SHOPPEN

CALLE FORTALEZA

Die Straße der Kunstgalerien und Boutiquen, z. B. *Puerto Rican Arts and Crafts (puertoricanisches Kunsthandwerk | Calle Fortaleza 204). Altstadt*

PLAZA LAS AMÉRICAS

Geht's noch größer? Dieses Shoppingcenter hat in der ganzen Karibik neue Maßstäbe gesetzt.; auch Veranstaltungen. *Mo–Sa 9–21, So 11–19 Uhr | Hato Rey | plazalasamericas.com*

SPORT & SPASS

MOPEDS & BIKES

Beim mobilen Bikeservice *San Juan Bike Rentals (Mo–Fr 7–18, Sa 9–18 Uhr | Tel. 787 5 54 24 53 | sanjuanbikerental.com)* kannst du ab 30 US$ (8 Std.) ein Rad mieten; du hast die Wahl zwischen Mountain-, Road-, Hybrid- und Cruiserbikes. Du willst lieber ein Moped, um in San Juan herumzudüsen? Dann wende dich an *SJ Scooter Rental (Capitolio Plaza, Calle del Muelle 100 | Tel. 787 4 00 64 06, 787 5 31 89 26 | Facebook: San Juan Scooter Rentals).*

AUSGEHEN & FEIERN

LA FACTORIA

DER Altstadtreff! Unkomplizierte Atmosphäre in verschiedenen Räumen zum Trinken, Tanzen und Plaudern, tolle Cocktails. *Mo–Fr 18–4, Sa/So 14–4 Uhr | Calle San Sebastian 148 | Tel. 787 4 12 42 51 | Facebook: La Factoria*

LA PLACITA DE SANTURCE

In dem kleinen Amüsierviertel rund um das alte Marktgebäude *La Placita von Santurce* findest du bestimmt ein nettes Plätzchen zum Tanzen und Leute kennenlernen. *Do–Sa ab 17 Uhr | Calle dos Hermanos*

CALLE LOIZA

Coole Bars und Kneipen, oft auch mit Livemusik, reihen sich in dieser beliebten Ausgehmeile von Santurce aneinander. Einfach mal entlang bummeln!

RUND UM SAN JUAN

1 LUIS A. FERRÉ SCIENCE PARK

16 km westlich, 20 Min. mit dem Auto über die Crtra. 2 und 22

Wissenschaft macht Spaß! Verschiedene Museen präsentieren hier u. a. Flugsimulatoren, echte NASA-Raketen und antike Fahrzeuge. Im Planetarium wird unser Sonnensystem anschaulich dargestellt. Du kannst erfahren, wie Wissenschaft (vor allem Physik) unser tägliches Leben bestimmt. Achtung: Nach Hurrikan María noch teilweise geschlossen! *Mi–Fr 9–17, Sa/So 10–18 Uhr | Eintritt 10, Kinder (unter 12 J.) 8 US$ | Bayamón | Campo Verde | Tel. 787 7 40 68 68 | 4 Std. | N6*

2 EL YUNQUE NATIONAL FOREST ★

45 km südöstlich, 40 Min. mit dem Auto über die Autopista 3

Das Juwel liegt praktisch vor der Haustür der Hauptstadt: der gut 112,5 km² große Nationalpark El Yunque, einziger Regenwald der USA. Er ist durch eine asphaltierte Straße, zahlreich abzweigende Wanderwege, den La-Damas-Badepool und Aussichtstürme für Besucher gut erschlossen (s. auch S. 134, Erlebnistour 4). Seine vielfältige Schönheit erfährst du, wenn du ihn auf einem der Wanderpfade erkundest. dennoch solltest du nie allein dort wandern. *Tgl. 9–16 Uhr | Eintritt frei | Rio Grande | Tel. 787 8 88 18 80 | fs.usda.gov/main/elyunque* 🕮 *N7*

3 LUQUILLO BEACH

50 km südöstlich, 45 Min. mit dem Auto über die Autopista 3

An den Wochenenden scheint sich ganz San Juan am Luquillo Beach und seiner langen Reihe von Kiosken mit den typisch puertoricanischem fettgebackenen Street-Food wie *alcapurria* (Yucca und grüne Banane) oder *rellenos* (gefülltes Teigtaschen) zu treffen. Danach an den Strand für ein Schwätzchen – ganz wie es die Einheimischen lieben. Es gibt einen großen Parkplatz, Duschen, Toiletten, Souvenirläden und sogar Bademeister. 🕮 *N6*

4 FAJARDO

60 km südöstlich, 1 Std. mit dem Auto über die Autopista 3

Fajardo ist bekannt für seine *Biolumineszenz-Bucht* (nachts leuchtende Mikroorganismen im Meer); außerdem war es bis vor Kurzem der Fährhafen auf die vorgelagerten spanischen Jungferninseln *Culebra* und *Vieques*, die zu Puerto Rico gehören. Der Sitz von Wassersport- und Ausflugsanbietern ist es geblieben. Die bieten auch Inselprogramme an, wie z. B. mit dem *Katamaran Spread Eagle II (Villa Marina Yacht Harbour Dock J | Playa Sardinea | Tel. 787 8 87 88 21, Gratis-Hotline 888 5 23 45 11 | snorkelpr.com).* Das größte Angebot an Wassersportausflügen und Kayaktouren hat *Kayaking Puerto Rico (Mo–Sa 7.30–21 Uhr | Ctra. 987, km 5,4 | Las Croabas | Tel. 787 2 45 45 45 | kayakingpuertorico.com).* 🕮 *N7*

5 CULEBRA

66 km südöstlich, 1 Std. über die Autopista 3 bis Ceiba, dann Fähre

Die kleinere der beiden puertoricanischen Jungferninseln kannst du mit der Fähre von *Ceiba*, aber auch schnell mit dem Flugzeug erreichen *(Fährabfahrten tgl. 6, 9, 11.45 und 14.30 Uhr, zurück 7.15, 10.30, 13 und 16 Uhr oder Flüge mit Air Link oder Air Flamenco).* Umgeben von zahlreichen kleineren Cays, glänzt *Culebra* (1800 Ew.) mit herrlichen Stränden wie der *Playa Zoni* und *Playa Carlos Rosari*, vor allem aber der vielfach ausgezeichneten *Playa Flamenco*. Das *Culebra National Wildlife Refuge* ist mit Wanderwegen erschlossen und ideal zum Vogelbeobachten. 🕮 *N6–7*

6 VIEQUES

66 km südöstlich, 1 Std. über die Autopista 3 bis Ceiba, dann Fähre

Reptil im Regenwald: Leguane kommen auf den Großen Antillen häufig vor

Mit der Fähre kommst du im Norden der 40 x 6 km großen Insel *Vieques* (9100 Ew.) an, in *Isabel Segunda (Fährabfahrten tgl. 6, 8.30, 12 und 15.15 Uhr, zurück 7.15, 9.45, 13.15 und 16.15 Uhr oder Flüge mit Air Link oder Air Flamenco)*. Die Hauptattraktion liegt eine zehnminütige Fahrt quer über die Insel im Süden beim Fischerdorf *Esperanza*: die berühmte ★ *Bahía Mosquito*. Nirgendwo leuchtet das Meer nachts intensiver. Die Nächte sollten möglichst mondlos sein, damit die mikroskopisch kleinen Dinoflagellaten-Organismen im Wasser auch richtig gut leuchten! *M N7*

INSIDER-TIPP
Je dunkler die Nacht, umso besser

PONCE

(M M7) **Karibisches Flair und urbaner Stolz: Die schöne alte ★ Stadt (160 000 Ew.) im trockenen Süden Puerto Ricos ist ein wichtiges wirtschaftliches Zentrum an der Südküste und berühmt für ihr reiches Kulturleben.**

Ein berühmter Sohn der Stadt ist der Bolero-Komponist Cheo Feliciano (1935–2014). Ihm wurde eine Passage an der Markthalle gewidmet. Ponce eignet sich gut als Standort für Ausflüge zur Bucht von *Parguera*, zu den Salinen des *Cabo Rojo* und den schönen Stränden von *Boquerón*.

SIGHTSEEING

PLAZA DE PONCE

Der Hauptplatz von Ponce wird von der *Catedral Nuestra Señora de Guadeloupe* in namentlich zwei unterschiedliche Plätze geteilt: Vor der Kathedrale, die der Schutzheiligen von Ponce gewidmet ist, heißt er *Plaza Degetau* und ist geschmückt mit dem hübschen Springbrunnen *Fuente de Leones*. Die andere Seite mit ihren großen Schatten spendenden Bäumen heißt *Plaza Múñoz Rivera*. Hauptattraktion aber ist im Rücken der Kathedrale der in den Farben des Stadtwappens schwarz-rot bemalte *Parque de Bombas*, die nach dem verheerenden Stadtbrand 1883 erbaute Feuerwache. Damals erhielten die Feuerwehrleute von der Stadt für ihren Einsatz eigene Häuschen; sie stehen heute noch hübsch rot in Reih und Glied in der *Calle 25 de Enero*.

MUSEO DE ARTE DE PONCE ☂

Im Garten ragt Roy Lichtensteins „Brushstrokes in Flight"-Skulptur (1984) in den Himmel, innen trumpft das in der Karibik über die Grenzen Puerto Ricos berühmte Museum mit einer Fülle alter europäischer und moderner Kunst, einer umfangreichen Barocksammlung, präraffaelitischen Gemälden, präkolumbischer Keramik und Art nouveau auf. Mit seinen lichtdurchfluteten Räumen ist schon das Gebäude ein Meisterwerk moderner Architektur. *Mi–Mo 10–18 Uhr | Eintritt 6 US$ | 2325 Avda. Las Américas | museoarteponce.org | ⏲ min. 2–3 Std.*

Antikes Feuerwehrauto und prächtiges Interieur in Ponces Parque de Bombas

ESSEN & TRINKEN

ENLASPAPAS

Ob gebacken, gefüllt oder gebraten: Sooo lecker können Kartoffelgerichte sein! Mit Abholservice. *Mo–Do 10–21, Fr 10–24, Sa 14–24 Uhr | Calle Villa, Ecke Unión Plaza/Las Delicias | Tel. 787 5 96 50 60 | €–€€*

SABOR Y RUMBA

Mittagessen mit Einheimischen – das kleine, im Hinterhof versteckte Lokal bietet eine gute Auswahl typisch puertoricanischer Speisen. *Mo–Do 9–22, Fr 9–23, Sa 11–23, So 9–22 Uhr | Calle Reina Isabel 66 | Tel. 787 8 43 30 03 | €€–€€€*

SHOPPEN

Der städtische Markt findet auf der *Plaza del Mercado* statt. In der *Calle Mayor* gibt es mehrere interessante Geschäfte.

RUND UM PONCE

7 CENTRO CEREMONIAL INDIGENA DE TIBES

5 km nördlich, 15 Min. mit dem Auto über Route 503

Bevor du über die Brücke zu dem alten Siedlungsplatz gehst, schau dir das kleine Museum und den Film an. Nach der Brücke kommst du zunächst durch einen Naturlehrpfad mit beschrifteten Bäumen der Region. Eine Hütte zeigt dann die Bauweise der Ureinwohner. Der Zeremonienplatz ist relativ klein. *Di–So 9–16 Uhr | Eintritt 3 US$ | Tel. 787 8 40 22 55 | M7*

8 LA PARGUERA

60 km westlich, 50 Min. über Autopista 2 und Route 116

Die Puertoriqueños kommen nach La Paguera, um zu fischen oder in Wohnwagen-Parks Urlaub zu machen. Lohnend ist hier ein nächtlicher Bootsausflug *(z. B. mit West-Divers | Tel. 787 8 99 32 23)* in die *Phosphorent Bay*. Ein magisches Erlebnis, wie schwimmen in Milliarden Funken! Am besten bei dunklem Himmel. *M7*

9 CABO ROJO

23 km westlich von La Paguera, 30 Min. über Route 301

Das „Rote Kap" ist eine Halbinsel an der Südwestspitze Puerto Ricos, umgeben von Salinen, in denen noch Salz abgebaut wird. Im *Centro Interpretativo de Las Salinas Cabo Rojo* werden die hier lebenden Vögel vorgestellt, einen schönen Überblick bietet der Aussichtsturm. Am *Cabo-Rojo Leuchtturm* gibt es Parkplätze und einen Strand. Ganz in der Nähe an der Westküste findest du die schönen und selten überfüllten Strände *Playa Boquerón* und *Playa El Combate (ausgeschilderte Zufahrten). M7*

10 SAN GERMÁN

60 km nordwestlich, 45 Min. mit dem Auto über Autopista 2

Ein Juwel spanischer Baukunst aus der Kolonialzeit mit kreolischen, neoklassizistischen und Art-déco-Einflüssen. Die wunderschöne kleine Kapelle *Porta Coeli* aus dem Jahr 1606 ist ein *Museum (Mi–So 8.30–12, 13–16.30 Uhr | Eintritt 3 US$)* für religiöse Kunst mit Gemälden und Holzstatuen. *M7*

11 MAYAGÜEZ

80 km nordwestlich, 1.10 Std. mit dem Auto über Autopista 2

Die drittgrößte Stadt (104 000 Ew.) Puerto Ricos, Universitätsstadt und Zentrum der Thunfischverarbeitung, musste nach dem verheerenden Erdbeben Anfang des 20. Jhs. vollkommen neu aufgebaut werden und besitzt deshalb keine alten Gebäude, aber eine schöne *Plaza Colón* mit neo-klassizistischem Rathaus und Uhrturm und einer Statue von Christoph Kolumbus. Hier entspannen die Einheimischen im Schatten der Bäume gerne und spielen oft Domino. Restauranttipp: *El Castillo (So–Fr 7 –22, Sa 7–23 Uhr | Route 104, km 0,3 | Tel. 787 8 32 30 30 | Facebook: El Castillo Restaurant | €–€€)* bietet täglich ein Lunchbuffet und jeden Freitag ein „Seafood Festival". *M7*

RINCÓN

(M7) **Selbstbewusst begrüßt ★ Rincón (15 200 Ew.) seine Besucher mit dem Spruch „Rincón, el mejor lugar para vivir" auf einem roten Bogen über der Zufahrtsstraße – „Rincón, der beste Platz zum Leben".**

Das passt zum besten Surfspot auf Puerto Rico und dem Ort mit den schönsten Sonnenuntergängen. Sogar die Beach Boys erwähnen Rincón in ihrem frühen Song „Surfin' Safari". Rincón zieht sich verwinkelt und reich an Restaurants und Bars über eine Uferhöhe, die Wellen unten am Strand sind meist perfekt zum Wellenreiten und Top-Surfer bieten tolle Vorstellungen ihres Könnens. Von Januar bis März kannst du hier auch Wale beobachten. Wer von Rincón zurück nach San Juan will, sollte die Route durchs bergige Inselinnere wählen, wo einige Attraktionen warten.

ESSEN & TRINKEN

LA COPA LLENA

Der Platz, um sich was zu gönnen: Hier sitzt du direkt am Wasser und kannst beim Sunset leckere Cocktails und hervorragend zubereitete Meeresfrüchte genießen. *Di–So 17–21 Uhr | Black Eagle Marina | attheblackeagle.com | €€€*

Hoffentlich ist der Name kein schlechtes Omen: Crashboat Beach nördlich von Rincón

SPORT & SPASS

SURF 787

Die beste Adresse, um Surfen zu lernen, mit Gästehaus und *Kids Camp* (Juni–Sept.). *Vor Spyce Bar & Grill rechts, dann letztes Haus links | Tel. 787 4 48 09 68 | surf787.com*

INSIDER-TIPP
Zipline gleich nebenan

RUND UM RINCÓN

12 CAGUANA INDIGENOUS CEREMONIAL PARK ★

64 km östlich, 1 ½ Std. via Moca und Lares auf der Route 111

Wunderschön am steilen und tropisch bewachsenen Ufer des *Río Tanama* gelegen, gilt die Ausgrabungsstätte mit ihren rund zehn konservierten Zeremonienplätzen und eindrucksvollen Petroglyphen (Steinritzungen) als bedeutendste ihrer Art in der Karibik. Du kannst hier auch am Stahlseil durch die Lüfte sausen: *Batey Zipline (Büro gegenüber vom Parkeiungang | Tel. 787 4 84 38 60 | bateyziplineadventures.com). Tgl. 8.30–16.20 Uhr | Eintritt 5, Kinder 4 US$ | Route 111, km 12,4 | Tel. 787 6 69 18 66 | M7*

13 ARECIBO OBSERVATORY ★

74 km östlich, 1.40 Std. auf der Route 111 und der Autopista 10

Die 300 m große Radarschirm hat schon Hollywood inspiriert: Jodie Foster versuchte mit dieser Riesenschüssel in „Contact" Wesen im Weltraum zu finden. Das Observatorium ist so empfindlich, dass es 13 Milliarden Lichtjahre entfernte Geräusche wahrnimmt. Ein 20-minütiger Film informiert dich zu Beginn des Rundgangs. *Mi–So 10–15 Uhr | Eintritt 12, Kinder 8 US$ | Route 625 | Tel. 787 8 78 26 12 | outreach.naic.edu/ao/landing | 1 ½ Std. | M7*

BAHAMAS

LAND DER ÜBER 1000 INSELN

***Baja mar*, „seichtes Meer", tauften die spanischen Eroberer die Schelfbänke, die sich in weitem Bogen über den Wendekreis des Krebses von Florida bis zur Südspitze Kubas ausdehnen.** Gut 700 größere Inseln und über 2000 winzige Riffinseln, die Cayos oder Cays, liegen hier wie zufällig verstreut auf der Great und Little Bahama Bank. Nur 30 Inseln sind besiedelt, nur etwa die Hälfte bieten Hotels und Restaurants, und immer liegen ihre größten Attraktionen vor der Haustür: ein traumhaft türkisfarbenes Meer und eine

Paradise Island bei Nassau

großartige intakte Unterwasserwelt. Drehscheibe des Inselstaats ist New Providence mit der hübschen Hauptstadt Nassau. Auf New Providence und Grand Bahama leben die meisten der rund 350 000 Ew., allesamt Nachfahren englischer Piraten, afrikanischer Sklaven und der Loyalisten, die während der Unabhängigkeitskriege der USA auf der Seite Englands kämpften und nach der Niederlage hier eine neue Bleibe fanden. Obwohl seit 1973 unabhängig, fühlt man sich immer noch ein bisschen königlich britisch.

BAHAMAS
Lucayan National Park
High Rock
Freeport
Grand Bahama
S. 119
Treasure Cay Beach
New Plymouth 13
Treasure Cay
Hope Town 12
Marsh Harbour
Abacos
S. 118
Cherokee
120 km, 30 Min.
14 Bimini Islands
Cable Beach
Paradise Island
Nicholl's Town
100 km, 4 Std.
Nassau
S. 110
New Providence
1 Andros
40 km
24.86 mi

MARCO POLO HIGHLIGHTS

★ **PARADISE ISLAND**
Insel mit Mega-Hotel, Versailles Gardens und Markt ➤ S. 110

★ **EXUMAS**
Eine spritzige Tour mit dem Powerboat bringt dich zu unbewohnten Inseln und einsamen Stränden ➤ S. 115

★ **HARBOUR ISLAND**
Ein Städtchen wie aus dem Bilderbuch und ein Strand, der zart rosa schimmert – ein Unikum in der Karibik ➤ S. 117

★ **HOPE TOWN**
Tropische Gärten vor pinkfarbenen Holzhäusern, ein Leuchtturm und ein herrlicher Strand ➤ S. 118

★ **LUCAYAN NATIONAL PARK**
Einblick in die Ökosysteme der Inseln: Kalksteinhöhlen, Mangrovenwälder und ein sehr schöner einsamer Strand ➤ S. 120

NASSAU/NEW PROVIDENCE

(🕮 E–F2) **Früher ein berüchtigtes Piratenzentrum stieg Nassau in den 1940er-Jahren zum Lieblingstreff von Adel und Geldadel aus Europa und den USA auf. Und das alles nur, weil der englische König Edward VIII. aus Liebe zu der Amerikanerin Wallis Simpson auf den Thron verzichtet hatte und als Duke of Windsor Generalgouverneur der Bahamas geworden war.**

Seither gehört es unter Hollywoods Prominenten quasi zum guten Ton, eine Insel auf den Bahamas zu besitzen. Mit nur 35 km Länge gehört New Providence nicht zu den größten im Land, doch ist die Insel der touristische Nabel der Bahamas.

SIGHTSEEING

ALTSTADT

Das Herz Nassaus pocht am Hafen, wo über der *Prince George Wharf* die turmhohen Kreuzfahrtschiffe aufragen. Davor liegen *Rawson Square* und *Parliament Square,* an dem die bahamaische Regierung in fotogenen rosafarbenen Kolonialbauten von 1805 residiert. Vor dem *Parliament Building* thront eine Statue der jungen Königin Victoria. Unmittelbar davor verläuft gen Westen die Bay Street mit dem *Straw Market* (Kunsthandwerk); gen Süden auf der George Street passierst du die 1841 erbaute *Christ Church Cathedral* und stehst dann vor dem imposanten, 1801 errichteten *Government House,* dem Sitz des englischen Generalgouverneurs. Jeden zweiten Samstag des Monats um 10 Uhr wird wie in London mit viel Pomp der Wachwechsel zelebriert. *🕮 e1*

FORT FINCASTLE

Das stattliche Fort (1793) kannst du von der Altstadt gut über die 66 Stufen des *Queen's Staircase* erreichen. Vom 38 m hohen *Wasserturm (tgl. 8–16 Uhr | Eintritt 3, Senioren und Kinder 2 B$ | Elizabeth Ave.)* hast du einen tollen Blick über die Stadt. Kein Eintritt kostet der Besuch des älteren *Fort Montagu* (1741) in der East Bay Street *(tgl. 8–15 Uhr)*; es schützte die Hafeneinfahrt. *🕮 e1*

JOHN WATLINGS DISTILLERY

Bei einer kostenlosen Führung erfahrst du alles über das Nationalgetränk der Bahamas. *Tgl. 10–18 Uhr | 17 Delancey Street | 🕮 e1*

NATIONAL ART GALLERY

Schöner Rahmen: Die National Art Gallery ist in einer alten Villa untergebracht und zeigt die Bilder bahamischer (Volks-)Künstler wie Amos Ferguson (1920–2009). Meist gibt es in Sonderausstellungen auch die Karnevalskostüme des *Junkanoo* zu bewundern. *Di–Sa 10–17, So 12–17 Uhr | Eintritt 5 B$ | West & West Hill Street | nagb.org.bs | ⏱ 45 Min. | 🕮 e1*

PARADISE ISLAND ★

Das 5 km lange Glamour-Insel hieß ursprünglich *Hog Island* bis sie 1962 der Millionär Huntington Hartford erwarb

Inbegriff eines Luxusresorts: das gigantische Atlantis Paradise Island

und umtaufte; 1994 erbaute dort der südafrikanische Investor Sol Kerzner die Urzelle des *Atlantis-Resorts*, das mit seinen Hoteltürmen und Attraktionen einen Großteil der Insel besetzt. Kostenlos ist der Besuch des Aquariums, des Casinos und der Lobby; kostenpflichtig sind die *Dolphin Cay (ab 88,51 B$)* und der riesige Wasserpark *Aquaventure (Tagespass je nach Saison 150 oder 161 B$)*. Vom *Paradise Island Drive* kannst du vielleicht eine Hochzeit in den aus Frankreich importierten Klosterteilen in *The Cloisters* und *Versailles Gardens* beobachten. Ein besonderer Magnet ist auch das *Marina Village* mit seinem Handwerksmarkt, Markenläden und fünf Restaurants. *Brücke nach Nassau | Mautgebühr 2 B$ | e–f1*

PIRATES OF NASSAU

Zu Besuch bei Captain Blackbeard und seiner Crew auf seinem Schiff Revenge: Das exzellent gestaltete Multimediamuseum lässt die Zeit wieder auferstehen, als Nassau das größte Piratennest in der „Neuen Welt" war. *Mo–Sa 8.30–17.30, So 9–14 Uhr | Eintritt 13, Kinder (bis 17 J.) 6,50 B$ | Marlborough/Ecke George Street | piratesofnassau.com | 40 Min. | e1*

POMPEY MUSEUM

Pompey hieß ein Sklavenführer auf Exuma, der 1830 am Vorabend der Sklavenbefreiung, mit 43 anderen Sklaven gegen die unmenschliche Behandlung durch seinen Herrn rebellierte. Das Museum in dem schönen alten *Vendue House* (1769) am ehemaligen Sklavenmarkt erzählt die Geschichte der Sklaverei auf den Bahamas. *Mo–Mi, Fr/Sa 9.30–16.30, Do bis 13 Uhr | Eintritt 3 B$ | West Bay Street/ Ecke George Street | ammcbahamas.com | 40 Min. | e1*

ADASTRA GARDENS, ZOO & CONVERSATION CENTRE

Immer wieder erstaunlich: Ganz freiwillig scheinen sich hier dressierte Flamingos hin- und herzuwenden und eine Art Ballett aufzuführen; mit Streichelzoo und Papageienfüttern. *Tgl. 9–17, Showtime 11, 13.30 und 15.30 Uhr | Eintritt 18,75, Kinder (4–12 J.) 9,50 B$ | Chippingham Road | ardastra.com | e1*

SEAWORLD EXPLORER

Wie in einem U-Boot geht es zu Korallen und Fischen, ein bisschen Animation und Information über die Lautsprecher gehören dazu. *Fahrpreis 49 B$ | Abfahrt beim Straw Market im Kreuzfahrthafen | Tel. 242 3 56 25 48 | seaworldtours.com | e1*

ESSEN & TRINKEN

THE FISH FRY

Arawak Cay in Nassau heißt bei Einheimischen nur „The Fish Fry", denn an den Imbissständen dort gibt es die besten und billigsten Grillfische und *cracked conchs*. Das Fleisch der Meeresschnecke kommt gebeizt in Limonensaft und mit scharfen Chilis *(scorched conch)*, weich geklopft und frittiert *(cracked conch)*, zu *Chowder*-Suppe oder zu *conch salad* zubereitet auf den Teller. *Tgl. 10–24 Uhr | West Bay Street/Ecke Chippingham Road | e1*

INSIDER-TIPP
Kleine Conch-Kunde

CAFÉ MATISSE

Beliebtes Bistro in der Altstadt. Italienische Küche, schön zum Lunch im idyllischen Innenhof. *Di–Sa 12–15, 18–23 Uhr | Bank Lane | Tel. 242 3 56 70 12 | Facebook: Café Matisse | €€ | e1*

GOLDIE'S CONCH HOUSE

Du kannst in dieser bahamaischen Fastfood-Hütte direkt zusehen, wie die *Conchs* zubereitet werden. Dazu frischen Fisch und kaltes Bier – einfach Spitze! *Tgl. 10–23 Uhr | Arawak Cay | Tel. 242 3 25 43 00 | Facebook: Goldie's Conch House | € | d1*

POOP DECK

Szenelokal mit großer Bar und Terrasse am Yachthafen. Guter Fisch und leckere Drinks. Am Mittwoch in der Bar viel Spaß mit Karaoke! *Tgl. 11.30–22.30 Uhr | East Bay Street | Tel. 242 3 93 81 75 | thepoopdeck.com | €€ | e1*

SHOPPEN

Neben dem *Straw Market* und *Marina Village (e1)* auf Paradise Island lohnen außerdem:

BAHAMAS LIGHTHOUSE MUSEUM & GIFT SHOP

Im Museumshop dieses Leuchtturms dreht sich alles um die letzten zehn funktionierenden Leuchtfeuer auf den Bahamas: alte Zeichnungen, Bojen-Laternen aus dem 18./19. Jh. und allerlei Navigationsgerät. *Bay/Ecke East Street (nahe Prince George Dock) | Tel. 242 3 26 05 11 | e1*

CRAFT COTTAGE

Bunte karibische Hütte mit viel Kunst und Kunsthandwerk von einheimischen Künstlern, z. B. aus Glas, aber auch Batik, Schmuck und Seifen. *Tgl. 10–16 Uhr | Village Road 20 | craftcottagebahamas.com | e1*

BAHAMA HANDPRINT

Das bekommst du nur hier: so wunderschöne, mit karibischen Motiven handgedruckte Taschen und auch Stoffballen zum Selbernähen. *Mo–Fr 10–16, Sa 10–14 Uhr | Island Trader Building Annex (bei Mackey Street) | Tel. 242 3 94 41 11 | bahamahandprints.com | e1*

SPORT & SPASS

BAREFOOT SAILING CRUISES

Sunset-, Champagner- und Schnorcheltrips, halb- und ganztägige Segeltörns mit Schnorchelpausen und Lunch auf einer einsamen Insel, das alles kannst du hier buchen – oder einfach privat ein Segelboot mieten. *Bayshore Marina, East Bay Street | Tel. 242 3 93 08 20 | barefootsailingcruises.com*

HAPPY TRAILS STABLES

Bei dem erfahrenen Anbieter (seit 1977) erwarten dich, wenn du Anfänger bist, nach einer Einführung schöne Ausritte in der Gruppe über die Strände und wilden Flecken der Südwestküste. Nach Absprache auch private Ausritte. *Coral Harbour, Norman Road (Pickup von den Hotels möglich) | Mindestalter 12 J. | Tel. 242 3 62 18 20 | ridingbahamas.com*

TAUCHEN

Die besten Riffe – an denen schon Filmheld James Bond tauchte – liegen an der Nordwestküste und der Südküste von New Providence, dazu gibt es Schiffswracks und ein Blue Hole zu entdecken. Tauchkurse und Touren z. B. bei *Bahama Divers*

Shoppen und Schlemmen im Marina Village auf Paradise Island

(Tel. 242 3 93 56 44 | bahamadivers.com) oder auch bei *Stuart Cove's (Tel. 242 3 62 41 71 | stuartcove.com)* an der Südwestküste von New Providence.

STRÄNDE

CABLE BEACH

Sehr schöner Strand vor mehreren (neuen) Hotels, darunter das Megahotel *Baha Mar*; Liegen und Sonnenschirme, viele Sportmöglichkeiten, sauberes Wasser.

JUNKANOO BEACH

Der schnell erreichte schöne Strand ist oft überfüllt; Blick auf den Kreuzfahrthafen, viele Buden.

LOVE BEACH

Schöner einsamer Strand an der Nordwestküste *(Westbay Street)*.

WELLNESS

BAHA-RETREAT ANTI AGING SPA

Alles für die Schönheit in einem wundervollen alten Holzhaus: von Maniküre *(ab 20 B$)*, Haarentfernung *(z. B. Augenbrauen 18 B$)* und Make-up bis zu Behandlungen und Bio-Packungen für Gesicht und Körper. *Mo–Sa 9–18 Uhr | East Bay Street | Tel. 242 3 23 67 11 | baharetreat.com*

AUSGEHEN & FEIERN

Die meisten Bars *(e1)* bieten zur Happy Hour *(tgl. 16–19 Uhr)* Drinks zum halben Preis an, z. B. die *Hammerheads Bar (East Bay Street)*. Danach geht's in Diskos wie ins *Bambu (Fr/Sa 21–3.30 Uhr | Eintritt 10 B$ | Upstairs Prince George Plaza, Bay Street)* oder Partylokale wie *Señor Frogs (Woodes Rodgers Walk | senorfrogs.com)*.

Für jeden Tag im Jahr eine: Exumas-Inseln gibt es genau 365

RUND UM NEW PROVIDENCE

1 ANDROS

100 km, 4 Std. mit der Fähre von Potter's Cay Dock oder mit LeAir

Ein Ziel für Entdecker, denn die mit 6000 km² größte der Bahamas-Inseln ist zugleich die am wenigsten erschlossene. Nur 7400 Bewohner leben entlang der Ostküste; die unwegsame Westseite besteht aus flachen Sandbänken und Wattgebieten. Attraktiv ist Andros vor allem für Taucher, denn an der gut 170 km langen Insel bricht die Küste abrupt in eine Unterwasserschlucht ab. Die fast 2000 m tiefe *Tongue of the Ocean* wird von prächtigen Korallen gesäumt. Mit Fähre bzw. Flugzeug steuerst du *Fresh Creek* bzw. *Andros Town* an (Achtung: es gibt noch die Flughäfen *San Andros* im Norden und *Congo Town* im Süden). Sehenswert in Andros Town: die *Androsia Batik Works Factory (androsia.com).* E2–3

2 EXUMAS ★

Mit Bahamas Air von Nassau (oder als Tagesausflug mit dem Boot)

Wie eine Perlenkette ziehen sich die 365 Exuma-Inseln von *Allan's Cay*, 56 km südlich von Nassau, über 193 km bis nach *Little Exuma*. Viele von ihnen sind in Privatbesitz. Hauptstadt ist *George Town* (1500 Ew.) auf *Great Exuma*. Ein beliebter Bootsausflug *(9–12 oder 13–17 Uhr | ab 130 B$ | exumawatertours.com)* führt von dort nach *Big Major*, wo sich die mittlerweile berühmt-berüchtigten verwilderten „schwimmenden Schweine" um mitgebrachtes Essbares reißen und die, wenn sie ärgerlich sind, auch schon mal beißen. Sie sind freilebendes Eigentum von zwei Männern, die sie Anfang der 1990er nach alter Piratenmanier als lebender Proviant auf ihre Insel brachten. *Powerboat Adventures (powerboatadventures.com)* bietet auch Tagesausflüge ab Nassau an. F3

LONG ISLAND

(G3–4) **Die schmale, über 100 km lange Insel macht ihrem Namen alle Ehre. Durchzogen vom nördlichen Wendekreis des Krebses, markiert sie den Wechsel von den Subtropen zu den Tropen.**

Die dem Atlantik zugewandte Seite prägen schroff ins Meer abfallende Klippen, die karibische Seite besticht mit weißen, sanft ins türkisfarbene Wasser abfallenden Sandstranden. Die rund 3000 Einwohner – Fischer und Farmer – leben überwiegend in winzigen Orten entlang der einzigen Inselstraße. Bunt bemalte Kirchen und Kneipen, Mangoplantagen und Salzteiche säumen den Weg. Es gibt zwei Flughäfen: Deadman's Cay Airport (LGI) und Stella Maris Airport (SML).

ORTE AUF LONG ISLAND

3 CAPE SANTA MARÍA

Auf hoher Klippe wurde Kolumbus ein Denkmal gesetzt, der etwa hier zum

Spaß beim Zöpfeflechten – Alltagsszene auf Harbour Island

dritten Mal in der „Neuen Welt" an Land ging: Das Kap ist nach seinem Schiff benannt, ein Kreuz erinnert an die Sitte der Spanier, so Land in Besitz zu nehmen. Kolumbus nannte die Insel damals *Fernandina*. Erst als immer mehr Seefahrer ihre Länge beklagten, wurde sie in *Long Island* umgetauft.

4 HAMILTON'S CAVE

Die private Höhle ist eine der größten auf den Bahamas. Sie reicht über 15 m tief in den Berg hinein. An den Wänden siehst du viele Zeichen der ursprünglich heimischen Lucaya-Indianer. *Eintritt 10 B$ | Leonard Cartwright, Queens Highway, Deadman's Cay | Tel. 242 3 37 02 35 | ⏲ 1 ½ Std.*

5 DEAN'S BLUE HOLE

Berühmt ist Long Island für *Dean's Blue Hole*, eine Einsturzhöhle im Meer von über 200 m Tiefe, die auf drei Seiten von Felsen umschlossen ist. Gerahmt ist das seltene Phänomen, in dem sich gerne Freitaucher üben, von wunderschönen Korallenbänken.

6 KIRCHEN

Schon von Weitem grüßen vor der Hauptstadt *Clarence Town* die Türme der anglikanischen *St. Paul's Church* und der katholischen *St. Peter's Church*. Beide wurden vom englischen Architekten und Priester Father Jerome (1876–1956) erbaut, der vom Anglikanischen Glauben zum Katholizismus konvertierte, bevor er sich als Eremit nach *Cat Island* zurückzog.

ESSEN & TRINKEN

KIRTLAND' S DELI

Ein typisches bahamaisches Lokal, gut auch zum Frühstück mit Conch, Maisgrütze und gekochtem Fisch. *Mo–Sa 7–18 Uhr | Queen's Highway, Deadman's Cay | Tel. 242 3 37 10 60 | €*

STRÄNDE

Der schönste Strand, breit und weiß, ist der *Columbus Harbour Beach* im Norden; eine schöne flache Badebucht hat der *Bonacorde Beach*.

RUND UM LONG ISLAND

7 CAT ISLAND

Mit Sky Bahamas von Nassau, Abaco oder Exuma

Auf dieser nur 389 km² großen Insel (1500 Ew.) kannst du den höchsten Berg der Bahamas besteigen: den *Mount Alvernia* (63 m). Oben steht in grauem Stein der Rückzugsort des Father Jerome: die Hermitage, mit winziger Kapelle, Wohntrakt und Kreuzgang. Ruinen eines Herrenhauses erinnern an eine Baumwollplantage. *G3*

8 SAN SALVADOR

Ca. 118 km, mit dem Flugzeug von Long Island mit Bahamas Air

Das ist sie also, die Insel *Guanahani*, auf der Kolumbus 1492 erstmals die „Neue Welt" betrat. Die Stelle ist mit einem großen weißen Kreuz im *Columbus Landfall Park* markiert (etwa 5 km südlich von Cockburn Town in der Long Bay). 1892, zum 400. Jubiläum der Entdeckung Amerikas, hielt man noch den *East Beach* für den Landeplatz, wo seitdem das *Chicago Herald Monument* steht. Eine schöne Aussicht über die kleine Insel bietet sich vom *Dixon Hill Lighthouse* (1887). *F–G3*

ELEUTHERA & HARBOUR ISLAND

(F2–3) **Nur 11 000 Menschen leben auf der 180 km langen, sehr schmalen Insel Eleuthera, die nur 20 Flugminuten (oder zwei Bootsstunden mit der Schnellfähre) östlich von Nassau liegt.**

Eine einzige Straße verbindet Nester wie *Palmetto Point, Rock Sound* und die Künstlerkolonie *Tarpum Bay*. Im Norden aber, hinter der „Glass Bridge", der engsten Stelle, und nach nur zehnmütiger Fahrfahrt vom *North Eleuthera Dock* landest du auf der schönsten Badeinsel der Bahamas: ★ *Harbour Island* mit dem hübschen Städtchen Dunmore Town und dem berühmten rosa Sandstrand.

ORTE AUF ELEUTHERA & HARBOUR ISLAND

9 GOVERNOR'S HARBOUR

Etwa wo heute die Fähren im kleinen Hauptstädtchen (700 Ew.) auf Eleuthera anlegen, auf *Cupid's Cay*, gingen 1648 auch die *Eleutheran Adventurers* unter Captain William Sayle an Land.

10 DUNMORE TOWN

Sie grüßen schon von Weitem während der Überfahrt nach Harbour Island: die pastellbunten Häuser mit ihren luftigen Veranden, verzierten Dächern und weißen Zäunen von Dunmore Town. Wie die großen Kirchen im verwinkelten Zentrum stammen die meisten Häuser aus dem 19. Jh., auch die schlichte *Methodistenkirche* (1843) in der Dunmore Street/Ecke Chapel Road.

11 PINK SANDS BEACH

Das seltene Phänomen, das dem berühmten, fast 5 km langen Strand auf Harbour Island seinen Namen verlieh, lässt sich deutlich von den Zugängen erkennen. Unten finden sich gelegentlich auch Stücke der pinkfarbenen Koralle, die für diesen Zauber verantwortlich ist.

ESSEN & TRINKEN

ROCK HOUSE

Feinste französisch angehauchte Küche mit tollem Blick auf den Hafen von Dunmore – wenn Languste, dann hier. *Tgl. 12–14, 18.30–21 Uhr | Dunmore Town, Bay Street | Tel. 242 3 33 20 53 | rockhousebahamas.com | €€€*

SWEET SPOT CAFE

Highlight für Veganer, betrieben von zwei Schwestern. Frühstück, Mittagessen, tolle Smoothies und Salate, auch zum Mitnehmen. Anna bietet Sunrise- und Sunset-Yoga am Pink Sands Beach. *Tgl. | Dunmore Town, Bay Street | Tel. 242 5 51 00 61 | sweetspotcafe.net | €–€€*

INSIDER-TIPP
Yoga am Strand

AUSGEHEN & FEIERN

Beliebtester Musikclub auf Harbour Island ist das *Daddy D's (daddyd.net)*, wo der DJ an den Wochenenden Reggae und Hiphop auflegt. Alternativ gibt es zum Sonnenuntergang kühles Kalik-Bier in der Hafenbar *Beyond the Reef (Bay Street | Tel. 242 5 54 68 47).*

ABACOS

(E–F 1–2) **Außenseiter: Mit der 150 km langen Hauptinsel Great Abaco und ihren rund 120 kleineren Inseln (17 000 Ew.) enden die Bahamas im Nordosten. Zum Atlantik hin umschließt eine Kette von Cays den bei Seglern beliebten, fast 100 km langen Sund der *Sea of Abaco*.**

Auf die Abacos zogen sich 1783 Puritaner aus Neuengland zurück, in der Hoffnung, hier in größtmöglicher Gemeindeautonomie ihr religiöses Glück zu finden. Ihre hübschen Orte sind heute Sehenswürdigkeiten. Fähren bringen dich vom Hauptort Marsh Harbour auf die Cays.

ORTE AUF DEN ABACOS

12 HOPE TOWN ★

Mit seinem rot-weißen Leuchtturm liegt Hope Town auf *Elbow Cay* nur 15 Fährminuten von *Marsh Harbour* entfernt. Bonbonbunte Holzhäuser mit tropischen Gärten prägen das Ortsbild. Das *Wyannie Malone Historical Museum (Nov.–Aug. Mo–Sa 10–16 Uhr | Eintritt 5 B$)* an der Gillam Street erzählt von den Pioniertagen. Im Osten befindet sich ein kilometerlanger Strand.

13 NEW PLYMOUTH

Wie aus der Zeit gefallen wirkt der Ort auf *Green Turtle Cay* (400 Ew.).

Im *Sculpture Garden* an der Parliament Street kannst du dir die Bronzebüsten der ersten Siedler ansehen. Das *Albert Lowe Museum (So geschl. | Eintritt 5 B$)* nebenan erzählt ihre Geschichte.

ESSEN & TRINKEN

THE BAE

Zur wundervollen Aussicht erwartet dich hier gute Küche (Meeresfrüchte, Bahamesisches und Grillspezialitäten). *Di–So 11–23 Uhr | Marsh Harbour, S.C Bootle Highway | Tel. 242 36 62 72 | the-bae-business.site | €*

JIB ROOM

Sehr beliebtes Hafenlokal. Mittwoch ist Rippchen-Abend, und am Samstag gibt es fabelhafte Riesensteaks. Livemusik; vorab reservieren. *Mi/Sa 8–23, Di/Do/Fr 8–19, Mo 8–16 Uhr, Aug.–Okt geschl. | Pelican Shores, Marsh Harbour | Tel. 242 3 67 27 00 | €€*

SPORT & SPASS

DIVE ABACO

Führungen und Tauchgänge im Schutzgebiet des *Pelican Cays Land & Sea Park*: Zu sehen gibt es Riffe, Meeresschildkröten und Unterwasserhöhlen. Auch Tauchkurse. *Marsh Harbour, Bay Street | Tel. 242 3 67 27 87 | diveabaco.com*

STRÄNDE

TREASURE CAY BEACH

Der Sand ist weich und weiß, das türkisblaue Wasser ein Traum: dieser 3 km lange und nur wenig bevölkerte Strand ist einer der schönsten im Land.

In Hope Town blüht Hibiskus vor strahlend weißen Häuserfassaden

FREEPORT/ GRAND BAHAMA

(E1) **Freeport ist wie Klein-Canaria: buntes Strandleben, Sport und Spaß, schöne Golfplätze und Rummel in den Bars. Nicht zuletzt, weil Grand Bahama (50 000 Ew.) nur gut 80 km vor der Küste Floridas liegt.**

Für die Amerikaner sind es nur ein paar Stunden Bootsfahrt von Palm Beach oder Miami hierher. Und sie kommen: zum Angeln, Baden und zollfreiem Einkaufen. Mit rund 1400 km² Fläche ist Grand Bahama

Auf der Insel Grand Bahama sind auch Papageien heimisch

zwar nur die viertgrößte Insel des Landes, aber nach Nassau die beliebteste – vor allem auch für Kreuzfahrten.

SIGHTSEEING

GARDEN OF THE GROVES

Der Garten wurde geschaffen, um zu verzaubern: mit kleiner (Hochzeits-) Kapelle, Labyrinth, Wasserfall, Kolibris, Schmetterlingen und vor allem vielen blühenden tropischen Pflanzen. *Tgl. 9–16 Uhr | Eintritt 17, Kinder 12 B$ | Magellan Drive, Freeport | thegardenofthegroves.com*

LUCAYAN NATIONAL PARK ★

Mangroven- und Kiefernwälder, wilde Kanäle und Strände: Der gut 16 ha große Park zeigt auf Lehrpfaden alle Vegetationszonen der Insel. Die Highlights: große Unterwasserhöhlen und der schöne *Gold Rock Beach. Eintritt 5 B$ | Grand Bahama Highway, 45 Min. östlich von Freeport | bnt.bs*

ESSEN & TRINKEN

BANANA BAY

Was willst du mehr: Hier gesellt sich zu den guten und günstigen Burgern, Sandwiches oder Fischgerichten noch die tolle Strandlage. *Tgl. 10–17 Uhr | Fortune Bay Drive | Tel. 242 3 73 29 60 |* €

OUTRIGGER'S BEACH CLUB

Und wie wär's mit Livemusik am Mittwochabend? Dazu gibt's dann in diesem beliebten bahamaischen Dinnerlokal *Fish Fry* und es wird richtig voll. An den anderen Abenden meist BBQ-Hühnchen oder *Conchs. Tgl. ab 18 Uhr | Smith's Point, Port Lucaya | Tel. 242 3 73 48 11 | Facebook: Outriggers Beach Club |* €

SHOPPEN

PORT LUCAYA MARKETPLACE

Nett aufgepeppter Marktplatz zwischen Marina und Beach, ein Platz zum Bummeln, Einkaufen und Zeitvertreiben; abends oft Shows und Musik. *Sea Horse Road*

SPORT & SPASS

GRAND BAHAMA NATURE TOURS

Halbtägige Jeep- und Ausflugstouren ins Hinterland der Insel, auch mit Besuch des *Lucayan National Park*, und zum *Peterson Cay National Park* mit seinen großen Karsthöhlen. Dazu

Schnorcheln und Picknick am Strand. *Ab 89 B$ | Abholung am Hotel | Tel. 242 3732485 | grandbahamanature tours.com*

UNEXSO

Die Tauchschule bietet auch Wracktauchgänge und Nachttauchen an, aber Hauptattraktion sind das Schwimmen mit Delfinen und Tauchgänge mit Haien *(109–119 B$). Unexso Building, Royal Palm Way, Port Lucaya Marina | Tel. 242 3731244 | unexso.com*

STRÄNDE

Die schönsten sind: *Gold Rock Beach, Taino Beach (Mittwochabend Fish Fry)* und *Pelican Cay Beach*, der auf Schnorcheltouren von Freeport aus zu erreichen ist.

RUND UM GRAND BAHAMA

14 BIMINI ISLANDS

Ca. 120 km, mit Flamingo Air oder Western Air von Grand Bahama

Der winzige Archipel rund 70 km nördlich von Andros ist die Welt Hemingways: 1935–37 verbrachte der Schriftsteller die meiste Zeit hier, soff und prügelte sich, jagte Marlins und schrieb an seinem Roman „Haben und Nichthaben". Ein Erlebnis für Angler sind die Inseln (2000 Ew.) noch heute, denn mit dem Golfstrom ziehen im Frühjahr Marlins und Thunfische nordwärts. Das legendäre *Compleat Angler Hotel* in *Alice Town*, Hemingways Lieblingshotel und -bar, wurde leider 2006 bei einem Brand zerstört. Bilder aus Hemingways Anglerzeiten und andere Einblicke in die wechselvolle Geschichte der Insel zeigt das *Bimini Museum (zur Zeit in Renovierung | Kings Highway | Tel. 242 3473038)*. Urige Bars gibt es nach wie vor: etwa die *End of the World Bar* in Alice Town. Wenn du den Fischreichtum vor den Biminis auf friedliche Weise genießen willst, kannst du draußen auf dem Meer mit wilden Delfinen schwimmen. Anbieter: *Wildquest (eine Woche ab 2700 B$ | Poggy Bay | Tel. +1 5619649466 | wildquest.com)*. D2

SCHÖNER SCHLAFEN AUF DEN BAHAMAS

DEUTSCHE WURZELN

Vor über 50 Jahren gründeten Deutsche auf ehemaligem Plantagengelände ein Ferienhotel, das Long Islands Zukunft als Touristenziel entscheidend prägte: das *Stella Maris Resort*. Generation für Generation wurde verbessert und erweitert, u. a. ein eigener Flughafen gebaut (auch Charterflüge zu den Nachbarinseln). Ausgezeichnete Tauchschule, in der seit gut 30 Jahren Tauchgänge zu Haien angeboten werden, die sich brav füttern lassen. *stellamarisresort.com | €€€*

ERLEBNIS TOUREN

Lust, die Besonderheiten der Region zu entdecken? Dann sind die Erlebnistouren genau das Richtige für dich! Ganz einfach wird es mit der MARCO POLO Touren-App: Die Tour über den QR-Code aufs Smartphone laden – und auch offline die perfekte Orientierung haben.

1 KUBA INTENSIV – EINE AUTOFAHRT VON PINAR DEL RIO BIS NACH TRINIDAD

- Dinos im Naturkundemuseum ansehen
- Mit dem Boot durch eine Höhle fahren
- Über altes Kopfsteinplaster bummeln

Havanna

Playa Ancón

ca. 850 km

8 Tage, reine Fahrzeit ca. 15 Std.

Kosten: für 2 Personen ca. 1000 Euro
Mitnehmen: Gute Straßenkarte z. B. Guia de Carreteras
Achtung: Mietwagen bereits vorab buchen, z. B. *rex.cu*

Mit einer alten US-Limousine auf dem Malecón von Havanna

GRÜNE OASEN AM WEGESRAND

Von Miramar in ❶ Havanna ➤ S. 38 aus geht es *auf der Avenida 5ta nach Westen auf die Autopista 4* Richtung Pinar del Rio. Nach etwa einer Stunde Fahrt fährst du *bei der Ausschilderung Soroa Richtung Westen und folgst der Straße,* die sich aufwärts durch den Pinienwald schlängelt. Hier lohnt ein Besuch im bezaubernden ❷ Orchideengarten *(tgl. 9–16.30 Uhr | Eintritt 3 CUC)* und der kurze Weg zum 22 m hohen Wasserfall ❸ El Salto de Soroa *(Eintritt 3 CUC).* Im Restaurante El Salto *(Ctra. de Soroa | €),* direkt bei den *Baños Romanos,* kannst du einfach und günstig zu Mittag essen, bevor du *den Hang der Sierra de Rosario hinabfährst, zurück auf die Autobahn.*

Weiter Richtung Südwesten geht es auf der A 4 entlang der Sierra de Güira nach ❹ Pinar del Rio ➤ S. 42. Die turbulente Provinzhauptstadt ist das Zentrum von Kubas Tabakproduktion, das kannst du an einer Reihe von Prachtbauten sehen, z. B. am Palacio Guash mit dem Museo de Ciencias Naturales und seinem fast lebensgroßen Tyrannosaurus Rex. Zum Abendessen lohnt ein Besuch des Restaurants Cabaret Rumayor *(Mi–Mo 12–21.30 Uhr | Ctra. Viñales, km 1 | Tel.*

TAG 1

❶ **Havanna**

102 km 1 ½ Std.

❷ **Orchideengarten**

1 km 15 Min.

❸ **El Salto de Soroa**

91 km 1 ¼ Std.

❹ **Pinar del Rio**

TAG 2

21 km 35 Min.

❺ Valle de Viñales

7 km 10 Min.

❻ Viñales

48 76 80 07 | €–€€), das spezialisiert ist auf geräuchertes Hähnchen. Übernachten kannst du bequem in der Bungalowanlage **Villas Aguas Claras** *(Tel. 48 77 84 27)*.

ZWISCHEN GIGANTISCHEN KALKSTÖCKEN

Am nächsten Morgen geht's dann weiter über *die A 241 in Richtung Viñales*. Die Landschaft wird immer tropischer und du kommst ins Unesco-Weltkulturerbe **❺ Valle de Viñales**. Die Erde ist rot, mächtig überragt von grün bemützten *Mogotes*, Jahrhunderte alten, überwachsenen Kalkstöcken. Nach rund einer Stunde Fahrt kommst du am **Centro de Visitantes** vorbei und hast bald danach **❻ Viñales** **➤ S. 42** erreicht. Gut schläfst du in der **Hostal de Gloria** *(Tel. 48 69 54 03)*. Die spannendste Höhle in den *Mogotes* ist die **Cueva del Indio** *(tgl. 9–18 Uhr | Eintritt 5 CUC | Ctra. 241)*, denn sie wird vom Fluss San Vincente durchquert, den du mit dem Boot befährst. Gegen 18 Uhr schwärmen Hunderte von Fledermäusen aus – immer wieder ein beeindruckendes Bild!

INSIDER-TIPP
Naturschauspiel am Abend

TAG 3

52 km 1 Std.

STIPPVISITE IN HAVANNA

Genieße noch einmal den Blick auf die *Mogotes* im Morgenlicht, wenn der Frühnebel die Steinriesen stimmungsvoll umwabert, bevor du das Tal *auf der Carretera a Puerto Esperanza* verlässt. Weiter *auf der Carretera de Norte* kommst du nach ca. 1 Std. nach Palma Rubia, dem Fährhafen für die 7 Cayo Levisa *(tgl. 10 Uhr, zurück 17 Uhr | 35 CUC, inkl. Mittagsbüffet)*, wo sich ein Ausflug auf die Palmeninsel mit dem traumhaften Strand anbietet. Für eine Übernachtung solltest du vorher im Hotel Cayo Levisa *(cubanacan.cu)* ein Zimmer gebucht haben. Danach sind es noch landschaftlich zum Teil sehr schöne, aber auch streckenweise wegen schlechter Straßenverhältnisse anstrengende gut 140 km bis 8 Havanna, so dass du am Ende froh sein wirst, die Casa Colonial *(vorher reservieren! Tel. 78 62 71 09)* von Cary und Nilo erreicht zu haben. Danach bietet sich ein Abendessen im legendären La Guarida *(Calle Concordia 418 | Tel. 78 66 90 47 | laguarida.com | €€–€€€)* an, das gleich um die Ecke liegt.

7 Cayo Levisa

TAG 4

143 km 2 ½ Std.

8 Havanna

STRAND DER SUPERLATIVE

Nach der Havanna-Visite geht's weiter *durch den Tunnel über die Via Blanca* nach 9 Varadero ➤ S. 45, dem längsten und breitesten Strand Kubas. Ein guter Standort ist das zentral am Strand gelegene Cuatro Palmas *(starfishressorts.com)*. Am Strand kannst du entspannen und schwimmen, nachmittags bietet sich ein kleiner Spaziergang durch den hübsch mit einem künstlichen See und kleinen Brücken angelegten Parque Retiro Josone *(Avda. 1ra, zw. Calle 56 und 59)* an. Zeit, sich was besonderes zu gönnen? Dann kehrst du am besten zum Abendessen ins Parkrestaurant La Gruta del Vino *(Calle 1ra/Ecke 56 | Tel. 45 66 72 28 | €€)*.

TAG 5

146 km 2 Std. 40 Min.

9 Varadero

VORNEHME STADT AN DER BUCHT

Wenn du dir z. B. *maps.me* für Kuba auf dein Handy heruntergeladen hast, dann wirst du auch offline prima von Varadero und Cárdenas *querfeldein über Jovellanos und Jagüey Grande* nach 10 Cienfuegos ➤ S. 36 im Süden navigiert. In Punta Gorda findest du das direkt an der Bucht gelegene angenehme Hostal Bahía *(hostalbahia@yahoo.es)*. Ein Spaziergang den Prado *hinunter und am Ende links hinein in die Calle San Fernando* bringt dich zur Plaza Martí ins restaurierte Zentrum, wo du dir die Kathedrale und das Teatro Terry

TAG 6

180 km 2 Std. 35 Min.

10 Cienfuegos

ansehen und in eines der umliegenden Restaurants einkehren kannst. Abends bist du für Cabaret und Disko goldrichtig im **Club El Benny** *(Do–So | Eintritt 5 CUC | Avda. 54 | Tel. 43 52 65 98 | €€–€€€)*.

TAG 7

27 km 20 Min.

⑪ Jardín Botánico

66 km 50 Min.

⑫ Trinidad

TREFFPUNKT TREPPE

Der noch kühle Morgen ist am nächsten Tag ideal für einen Besuch des ⑪ **Jardín Botánico** *(tgl. 8–16.30 Uhr | Eintritt 2,50 CUC | Ctra.a Trinidad Central Pepito Tey)*, des berühmten botanischen Gartens im Osten der Stadt. Über 2000 Pflanzenarten aus aller Welt wurden hier zusammengetragen, davon allein 280 verschiedene Palmenarten, dazu Bambus, Kakteen und der hochgiftige Strichninbaum. Geruhsam fährst du nach dem Besuch weiter *über den Circuito Sur*. Das Ziel, Unesco-Weltkulturgut ⑫ **Trinidad** ➤ S. 38, ist nur 66 km entfernt. In der eng an einen Hang gebauten Kolonialstadt fühlst du dich um 200 Jahre zurückversetzt: Hohe Holztüren, Balkone mit Säulen und rote Ziegeldächer prägen die Häuser, die Gassen sind aus Kopfsteinpflaster. Gut wohnst du in der **Casa Muñoz** *(Tel. 41 99 36 73)*, einer kleinen, familienbetriebenen *Casa Particular*. Von hier aus gehst du zur **Plaza Mayor** mit der **Kathedrale** und dem **Museo Romántico**. Abends treffen sich Musikbegeisterte aus aller Welt auf den Stufen vor der **Casa de la Música**, um nach Salsa und Rumba zu tanzen. Ein Gratiskonzert, dass richtig einheizt *(ab 20 Uhr | Calle Cristo)*!

Wie eine Reise zurück in der Zeit ist ein Besuch in Trinidad

EIN STRANDTAG ZUM ABSCHLUSS DER TOUR

Obwohl sich die Berge der *Sierra del Escambray* zum Wandern anbieten, hast du dir zum Abschluss der Tour einen Strandtag verdient. Trinidads

Hausstrand liegt südlich der Stadt; du erreichst ihn über die *Carretera Casilda an der Küste entlang bis zur* ⑬ **Playa Ancón**, einem feinsandigen, ruhigen Strand. Hier kannst du den Tag über schwimmen, schnorcheln oder einfach faulenzend (Badeschuhe nicht vergessen, es gibt hier Seeigel!).

TAG 8

15 km 15 Min.

⑬ Playa Ancón

② WANDERUNG ZUM PEAK DER BLUE MOUNTAINS

- **Wo der echte Blue Mountain Coffee wächst**
- **Verschiedene Klimastufen durchwandern**
- **Den Ausblick vom Gipfel genießen**

Mavis Bank Coffee Factory

Whitfield Hall

ca. 16 km (zu Fuß)

1 ½ Tage, reine Gehzeit ca. 7 ½ Std.

mittel

ca. 915 m

Mitnehmen: detaillierte Wanderkarte, warme Jacke
Achtung: Abendessen in Whitfield Hall vorbestellen!

BESUCH EINER KAFFEEFABRIK

Am besten fährst du schon einen Tag vorher in die ★ *Blue Mountains*, um vormittags die größte Kaffeefabrik Jamaikas, die ① **Mavis Bank Coffee Factory** *(5 Tage zuvor anmelden | Tour 10 US$ | Gordon Town Road, 1,6 km südl. von Mavis Bank | Tel. 876 9 77 85 28 | jablumcoffee.com)* zu besuchen und zu erfahren, wie der berühmte Blue Mountain Coffee hergestellt wird. Vom Trocknen der Bohnen bis zur Röstung lernst du den Produktionsprozess kennen und erfährst, woran man hochwertigen Kaffee erkennt. Die edelste Bohne

① Mavis Bank Coffee Factory

1,5 km 5 Min.

❷ Mavis Bank Discovery Center
12,5 km 30 Min.

❸ Whitfield Hall
1 km 25 Min.

wird allerdings von Privatfarmern in den Bergen angebaut, Hand gepflückt, auf Bambusrohren getrocknet und über Holzfeuer geröstet. Sollte dir auf deiner Wanderung ein Rastamann einen echten Blue Mountain „Peaberry" günstig anbieten, dann ist das ein Glücksfall: Er ist wohl der begehrenswerteste Kaffee der Welt und kostet pro Pfund normalerweise ca. 40 Euro.

Am frühen Nachmittag fährst du dann weiter nach Mavis Bank und holst dir im **❷ Mavis Bank Discovery Center** Informationen zum Blue and John Crow National Park. Von hier aus fährst du weiter *Richtung Norden nach Hagley Gap* und von dort aus auf einer schmalen Straße nach **❸ Whitfield Hall** *(Tel. 876 8 78 05 14 | whitfieldhall.com)*, einer rustikalen Kaffeeplantage und Gästelodge – dein Ausgangspunkt für die Wanderung.

KURZE NACHT BEI KERZENLICHT

Erwarte keinen Luxus: Zum Abendessen gibt es jamaikanische Hausmannskost, liebevoll zubereitet von Everton, dem guten Geist des Hauses. Im Plantagenhaus aus dem 17. Jh. gibt es keine Elektrizität, dafür Paraffinlampen, Gasherde und einen Kamin in der gemütlichen Lounge.

Aber die Nacht wird nicht lang, denn am frühen Morgen um 2 Uhr geht's schon los mit dem Aufstieg zum Mountain Peak. *Der Trail beginnt etwa 2 km vom Hostel entfernt bei Penlyne Castle*. Hinter dem Schild „Blue and John Crow Mountains" nimmst du den *Weg aufwärts nach links*. Die ersten vier Kilometer geht es, umgeben von der Schwärze der Nacht, zügig voran. Im Süden kannst du ein verschlafen blinzelndes Kingston wahrnehmen.

JE HÖHER, UMSO KÜHLER

Bald wird der Weg steiler und windet sich entlang der Kaffee- und Bananen-bepflanzten Terrassenhügel. Nur schemenhaft lassen sich der Regenwald mit Farn, Bambus und Bromelien erahnen. Je höher du kommst, umso mehr sinken die Temperaturen, die hohe Luft-

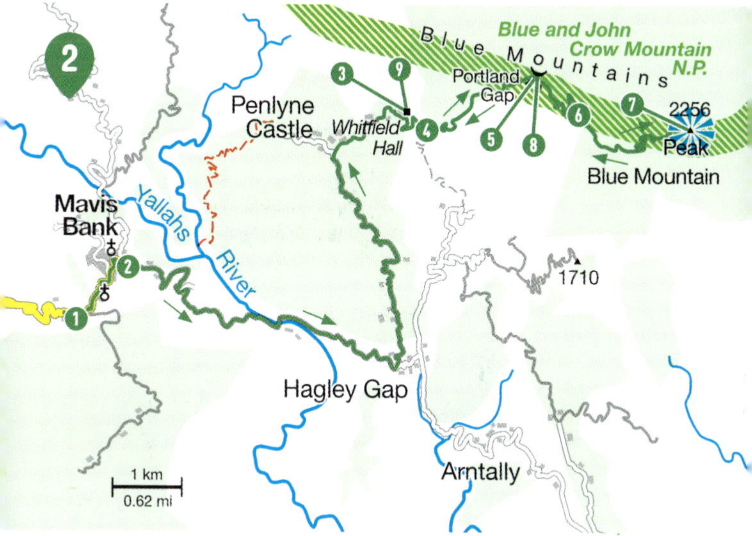

feuchtigkeit lässt die Vegetation üppig grünen. Beim ausgetrockneten Flussbett mit dem Hinweisschild ❹ Jacob's Ladder hast du den steilsten Teil der Strecke erreicht; er ist stufenförmig angelegt und von Kaffee- und Zitronenbäumen gesäumt. Von hier aus kannst du ihn im Morgengrauen schon sehen: den 2256 m hohen Peak. *Ca. 600 m geht es nun in Serpentinen steil bergauf* durch Zwergfichtenwälder, bevor du nach etwa einer Stunde ❺ Portland Gap mit seiner sehr einfachen Ranger Station erreicht hast – ein guter Platz für ein Picknick.

❹ Jacob's Ladder
2,5 km 1 Std. 50 Min.

❺ Portland Gap
1,7 km 1 Std.

LUFT HOLEN AM LAZY MAN'S PEAK

Bald schrumpft der Regenwald zu niedrigem Buschwald mit bizarr geformten Ästen, die von Moos und Flechten überwachsen sind. Auf felsigen Pfaden, teils von umgefallenen Bäumen versperrt, geht es weiter bis kurz unterhalb des Gipfels zum ❻ Lazy Man's Peak. Eine alte Hütte hat hier früher mal Schutz vor Regen und Wind geboten, jetzt ist ihr Dach verfallen und die Wände sind vermodert. Eine Verschnaufpause ist hier angebracht, bevor es das letzte Stück steilen Aufstiegs weitergeht.

❻ Lazy Man's Peak
2,8 km 1 Std. 40 Min.

❼ Blue Mountain Peak

3,5 km 50 Min.

Auf dem Gipfel hüllt die aufgehende Sonne langsam die Berge in rosa-orangefarbenes Licht, und an klaren Tagen kannst du dann vom ❼ **Blue Mountain Peak** aus die Südküste mit Kingston sehen, und im Norden Port Antonio und Navy Island.

GIPFELFREUDEN MIT KOLIBRI

Mit den ersten Sonnenstrahlen erwacht auch Jamaikas Vogelwelt. Mit etwas Glück siehst du in der Ruhe des Gipfels den *Doctor Bird*, einen Schwalbenschwanzkolibri, Jamaikatauben oder Sperlingspapageien, bevor du dich wieder auf den Rückweg machst.

❽ Portland Gap

4,5 km 1 ¾ Std.

❾ Whitfield Hall

Auf halber Strecke in ❽ **Portland Gap**, kannst du dich an der **Ranger Station** mit Wasser versorgen und bist in knapp 2 Stunden zurück in ❾ **Whitfield Hall**.

Schon von Weitem sieht man die Gipfel der Blue Mountains

3 SAMANÁ – STRÄNDE, FISCHERDÖRFER UND TAÍNOHÖHLEN

- Zum „Strand der Fliegenden Pfeile"
- Reiten in Las Galeras
- Besuch einer Leguan-Zuchtstation

Samaná

Café del Mar

ca. 105 km

1 Tag, reine Fahrzeit 2 ½–3 Std.

Kosten: ca. 80 Euro für Leihwagen, Benzin, Essen, kleine Spenden für Führer Cuevas de Agua und Iguanario Los Tocones
Mitnehmen: Bade- und Schnorchelsachen, Sonnenschutz, Mückenschutz, Taschenlampe

FISCHERDORF MIT BOOTSHAFEN

Nach dem Frühstück fährst du von 1 Samaná ➤ S. 74 aus *auf der Carretera 5 in Richtung Osten.* Auf der linken Seite steigen Hänge mit einfachen Häuschen in die Höhe, rechts siehst du weit über die Bucht von Samaná und ihre kleinen Inseln (Cayos); auch Cayo Levantado kannst du sehen, die im TV als Kulisse für eine Bacardi-Werbung diente. Vorbei geht es an der Playa Las Flechas, einem Strand an dem Kolumbus 1493 wenig freundlich von den Ureinwohnern mit Pfeilen begrüßt wurde.

1 Samaná

10 km 10 Min.

In dem Fischerdörfchen 2 Simi Baez siehst du den Bootshafen für das Luxusressort auf der Cayo Levantado, vor allem aber kannst du hier an den kleinen Ständen am Strand frische Meeresfrüchte oder deftige Eintöpfe mit frisch gebackenem Kokosbrot probieren. Von Januar bis März lassen sich mit viel Glück und Geduld direkt vom Ufer aus Buckelwale beobachten, die auf ihrer Wanderung vom Nordatlantik in die warmen Gefilde des karibischen Meeres kommen.

2 Simi Baez

4 km 5 Min.

LAS GALERAS ERKUNDEN

❸ Los Cacaos
16 km 25 Min.

❹ Cuevas de Agua
12 km 20 Min.

❺ Las Galeras
21 km 45 Min.

Weiter auf der Küstenstraße entlang dichter Vegetation und feinsandiger Buchten kommst du nach ❸ **Los Cacaos** in die Allee mit dem Eingang zum hübsch viktorianisch erbauten Luxushotel **Bahia Principe Samaná**. *Nach kurzer Strecke weiter Richtung Norden führt ein kleiner, unmarkierter Weg nach rechts* zu den ❹ **Cuevas de Agua**, Kalksteinhöhlen der Ciguayo-Ureinwohner. Lass dich am besten von einem Einheimischen für ein paar US-Dollars zu den 3000 Jahre alten Höhlenmalereien und Taíno-Skulpturen führen. Hier kommt die mitgebrachte Taschenlampe zum Einsatz! *Zurück auf der Hauptstraße* fährst du weiter nach ❺ **Las Galeras**, ein ruhiges Feriendorf mit Garküchen am 2 km langen Sandstrand. Fischer bieten dir hier auch an, dich mit ihrem Boot zu versteckten Stränden wie der Playa Madame oder Playa Fronton zu bringen. Preis: Verhandlungssache! Das am Ortsrand auf einem Kliff thronende Restaurant **El Cabito** *(Mo geschl. | Tel. 809 82 99 44 84 99 | €€)* ist mit seinem herrlichen Blick auf die Bucht eine tolle location für ein Mittagessen mit Meeresfrüchten oder frischem

INSIDER-TIPP
Startpunkt für Bootsausflüge

Feinsandige Buchten erwarten dich bei Los Cacaos

Fisch. Von der Terrasse aus kannst du im Frühjahr auch hier Wale beobachten. Ein interessantes Naturphänomen gibt's an der Küste vor dem Ort Las Galeras zu beobachten: In *Boca de Diablo* schießen je nach Rhythmus und Stärke des Wellengangs Wasserfontänen aus Rissen im Korallenstein. Die Umgebung kannst du gut auf dem Rücken eines Pferdes erkunden. **Rudy's Rancho** *(ca. 20 Euro | Tel. 809 82 93 05 33 68 | Facebook: Rudy's Rancho)* bietet tolle zweistündige Strandausritte auf geduldigen Rössern.

TRAUMHAFTE PLAYA RINCÓN

Zum Chillen geht es von Las Galeras nach ❻ **Playa Rincón** *(Abfahrt ausgeschildert)*, einem viel-gerühmten Bilderbuchsandstrand mit Kokospalmenhain. Auf halbem Weg liegt die Aufzuchtsstation für vom Aussterben bedrohte Nashornleguane, das ❼ **Iguanario Los Tocones** *(unregelmäßige Öffnungszeiten | Eintritt 1,50 US$ | Tel. 809 7 71 76 61)*. Du kannst mit dem Auto durch den Palmenhain den Strand entlang fahren. Am östlichen Ende mündet der kleine Fluss **Caño Frío** ins Meer. Hier genießt du den Nachmittag in aller Ruhe im gemieteten Liegestuhl, gehst auf kleine Exkursion in den Pal-

❻ Playa Rincón
10 km 15 Min.

❼ Iguanario Los Tocones
32 km 40 Min.

menhain und natürlich im klaren türkisfarbenen Meer baden. Nur am Wochenende, wenn die dominikanischen Familien kommen, wird es laut: Dann werden Lautsprecher neben den Strandbuden aufgestellt und die Dominikaner feiern mit Musik und viel Rum ihre Freizeit.

8 Café del Mar

Am Ende wäschst du dir im Caño Frío den Sand von der Haut, bevor du dann gegen 18 Uhr wieder *zurück Richtung Samaná* aufbrichst. Gepflegt beendest du dann den karibischen Traumtag zum Sunset im **8 Café del Mar** *(Tel. 809 5036363 | puertobahiasamana.com | €€€)* des Yachthafenhotels Puerto Bahía 5 km westlich von Samaná mit besonders köstlich zubereiteten Meeresfrüchten und entspannter Chill-out-Musik.

4 AUF DEM EL YUNQUE TRAIL ZUM MOUNT BRITTON

- Picknicken im Regenwald
- Den Coqui pfeifen hören
- Belohnung am Strand

Informationszentrum El Portal

Luquillo Beach

ca. 7 km (zu Fuß)

1 Tag, reine Gehzeit ca. 3 ½ Std.

mittel

ca. 545 m

Mitnehmen: Wasser, Picknick, Kamera, Fernglas, Wanderschuhe, Jacke
Achtung: Der unbefestigte Part des El Yunque Trail wird bei Regen glitschig, außerdem ist es ratsam, eine Jacke mitzunehmen, denn auf dem Peak weht oft ein starker Wind.

Durch üppige Vegetation geht es langsam den Mount Britton hinauf

Bevor du zu deinem eigentlichen Startpunkt fährst, machst du auf *der Route 191* am ❶ **Informationszentrum El Portal** *(Eintritt ca. 4 Euro)* halt, siehst dir den informativen Film über Fauna und Flora und die Geschichte des Regenwaldes an und kaufst dir, um ganz sicher zu gehen, eine Wanderkarte im **Giftshop**. *Auf der 191* fährst du dann weiter bis zum ❷ **Information Center Palo Colorado**. Parke dein Auto hier und *überquere die Straße*. Ein paar Steinstufen geht es hinauf zum ❸ **Baño Grande**, einem künstlich angelegten See mit Wasserfall, umgeben von Bambushainen und Palmen (baden leider verboten). Wieder ein paar Stufen hinunter folgst du dem ausgeschilderten Weg, dem ❹ **Caimitillo Trail**, nach links, den du knapp 500 m bis zum ❺ **El Yunque Trail** gehst. El Yunque (spanisch „der Amboss") hatte für die Taínos eine heilige Bedeutung und war Kultstätte für indianische Zeremonien. Jetzt geht es *steil bergauf bis zu einer Kreuzung mit Schutzhütte*. Hier ist der ideale Picknick-Ort, mitten im Regenwald. Das ständige Pfeifen im Unterholz stammt von einer winzigen Froschart, dem nur in Puerto Rico vorkommenden Coqui, dessen Konzert nach jedem Regen zu einem wahren Getöse anschwellt.

❶ **Informationszentrum El Portal**
8,4 km 10 Min.
❷ **Information Center Palo Colorado**
0,1 km 1 Min.
❸ **Baño Grande**
0,2 km 5 Min.
❹ **Caimitillo Trail**
0,2 km 5 Min.
❺ **El Yunque Trail**
3,3 km 2 Std.

6 Observation Tower

3,3 km 1 Std. 20 Min.

ZWISCHEN SCHLING- UND KLETTERPFLANZEN

Lass nach der Rast den **Baño De Oro Trail** links liegen und passiere zwei weitere Schutzhäuschen. Bei der nächsten T-Kreuzung beginnt der Aufstieg zum *Mount Britton*. Der Weg führt hier durch den Tabonico-Wald, benannt nach dem einheimischen Baum, der in den unteren Berglagen wächst. Von seinen Ästen hängen Kletterpflanzen und Schlingwurzeln herab. In den höheren Lagen wachsen Colorado-Wälder mit kleineren, oft mit Bromelien bedeckten Stämmen.

BÄUME MIT STACHELN

Nach einer Weile geradeaus kreuzt der **Las Picachos Trail**, von dem du einen großartigen Blick auf die Ostküste hast. Hier *folgst du der Linksbiegung des El Yunque Trails*. Der Weg wird jetzt etwas holpriger und ein ständiger Wind weht hier über das Plateau. Der letzte Abschnitt der Strecke besteht aus Zwergwald mit Kapokbäumen, an deren Stämmen kegelförmige Stacheln wachsen. Du kommst jetzt *auf Road 10, eine befestigte Straße, die du nach links gehst*. Klettere oben angekommen noch die Stufen zum **6 Observation Tower** hinauf: ein atemberaubender Blick auf Luquillo und Puerto Ricos Hügellandschaft mit den Gipfeln Los Picachos, Roca Marcas und Yunque Rock lassen den schweißtreibenden Aufstieg schnell vergessen.

BADEN IN LUQUILLO

Von hier aus beginnst du den *Abstieg zurück zum* 7 Information Center Palo Colorado, das du in 1 ½ Stunden erreicht haben solltest. Vom Parkplatz aus fährst du die *Route 191 Richtung Norden bis zum Highway 3*, der dich direkt zum 8 Luquillo Beach bringt. Belohne dich am Strand mit einem *Alcapurria*, einem Snack aus frittierter grüner Banane, die mit Fleisch oder Meeresfrüchten gefüllt ist und mit scharfer Chilisauce gegessen wird. Der puderweiße, Kokospalmen gesäumte Sandstrand lädt für den Rest des Tages zum Baden und Faulenzen ein.

7 Information Center Palo Colorado

18 km 25 Min.

8 Luquillo Beach

5 NATUR-TOUR AUF GRAND BAHAMA

- Ringelschwänzige Leguane beobachten
- Die Ben's Cave erkunden
- Baden am Gold Rock Beach

Start: Freeport

Ziel: Freeport

Strecke: ca. 175 km

Dauer: 1 Tag, reine Fahrzeit ca. 2 ½ Std.

Kosten: ca. 250 Euro für Mietwagen und Benzin, Eintritt und Tour Nationalpark, Bootsmiete für Schnorcheltrip
Achtung: Lass Wertsachen im Hotel und packe an den Stopps alles in den Kofferraum.

Starte möglichst früh mit Badezeug, Sonnencreme und vielleicht auch Schnorchelausrüstung: Der Grand Bahama Highway ist trotz seines Namens in teilweise löchrigem Zustand und die Strecke ans entlegene Ostende der Insel zieht sich. 1 Freeport ➤ S. 98 verlässt du so: *auf der Midshipman Road ostwärts, dann links hinein in*

1 Freeport

19 km 20 Min.

❷ Casuarina Bridge

22 km 20 Min.

❸ Lucayan National Park

1 km 20 Min.

❹ Gold Rock Beach

34 km 40 Min.

den Fortune Bay Drive, rechts in den Sunrise Highway, am nächsten Verkehrskreisel rechts in den East Sunrise Highway und dann zur alten ❷ **Casuarina Bridge**. Hier hast du einen guter Blick über das völlig flache Umland. Weiter geht's danach *zur zweiten Verkehrsinsel, dort auf dem East Sunrise Highway bleiben und danach schließlich rechts in den Grand Bahama Highway einbiegen.*

ORCHIDEEN UND FARNE

Nächster Halt: Der ❸ **Lucayan National Park ➤ S. 99** mit seinem für Grand Bahama typischen Ökosystemen. Hier gedeihen Gumbo-Limbo-, Mahagoni- und Seidenblattbäume, deren Früchte Zugvögeln als Nahrung dienen. *Coppice* nennen die Einheimischen das dichte Unterholz aus Palmetto, vermischt mit Mangroven und einheimischen Feigenbäumen, zwischen denen sich auch Orchideen und Farne wohlfühlen. *Curly-tailed Lizards*, kleine Leguane, flitzen mit hochgestellten Schwänzchen vorüber, und mit etwas Glück kannst du einen der seltenen, weiß gestirnten und ansonsten grüngefiederten Bahama- oder Abaco-Papageien in den Bäumen beobachten. Ein etwa 200 m langer **Lehrpfad** bringt dich vom Parkeingang zu Unterwasserhöhlen wie **Ben's Cave**, die sich über 10 km unterirdisch hinziehen und für die der Park berühmt ist.

Holzstege führen ins Mangrovendickicht des Lucayan National Parks

BADEPAUSE AM GOLD ROCK BEACH

Nun wird es Zeit für die erste Badepause: *Gegenüber des Parkeingangs, auf der anderen Seite des Grand Bahama Highway*, bringt dich ein etwa 300 m langer, teils mit Brettern befestigter Pfad durch die Mangroven zum traumhaft einsamen ❹ **Gold Rock Beach** an der Südküste. Ganz seicht ist hier das türkisgrüne Meer und schön fein und goldgelb der Sand. Er-

INSIDER-TIPP
Weniger Meer ist mehr!

kennst du ihn wieder? Einige Szenen von „Fluch der Karibik" sollen hier gedreht worden sein. Seine ganze Schönheit zeigt er allerdings erst bei Niedrigwasser.

Kein Proviant dabei? *Weiter östlich am Highway* folgen weitere langgezogene Strände und winzige Dörfer, wo du gut zu Mittag essen kannst, z. B. *Conch Fritters* oder gebratenen Fisch. Allerdings kochen die kleinen Lokale am Straßenrand wie das **Diamond Sunrise** in High Rock oder das **Cooper's** in Pelican Point ganz nach Lust und Laune und sind auch nicht immer offen. Ein Besuch der verschlafenen Strände von 5 **Pelican Point** lohnt, wenn du schöne Muscheln suchst.

5 Pelican Point
16 km 15 Min.

BOOTSAUSFLUG ZUM RIFF

Am Ende des Grand Bahama Highway liegt 6 **Maclean's Town**, ein Häufchen bunter Hütten, ein paar Läden und Marktstände. Spielende Kinder in den Straßen, einige Männer pinseln an ihren Booten. Hast du Schnorchelzeug dabei? Das vorgelagerte 7 **Riff** ist ein schönes Ziel. Du fragst einfach einmal rum, ob dich jemand für eine Stunde zum Schnorcheln rausrudert, der Preis ist Verhandlungssache. Zurück an Land wird es Zeit für einen kühlen Sunset-Drink in einer der kleinen Hafenbars von Maclean's Town, die auch berühmt sind für ihre Conch-Salate. Von hier bist du dann in gut eineinhalb Stunden zurück in 1 **Freeport**.

6 Maclean's Town
1 km 10 Min.

7 Riff
82 km 1 ½ Std.

1 Freeport

GUT ZU WISSEN

DIE BASICS FÜR DEINEN URLAUB

ANKOMMEN

AN- UND EINREISE

Die Flugzeit beträgt je nach Ziel ca. 9–12 Stunden. Bei der Einreise über die USA ist eine vorherige Registrierung (min. 3 Tage zuvor) via Internet zwingend erforderlich. Kosten: 14 US$. Antragsformular unter: *esta.cbp.dhs.gov*.

Für die Einreise in Kuba benötigst du eine Touristenkarte *(25–35 Euro)*. Dein Pass sollte mindestens noch sechs Monate gültig sein, auch deine Kinder benötigen einen eigenen Pass. Ein- und Ausreisegebühren sind mittlerweile oft bereits im Flugpreis enthalten (Ausnahme u. a. Jamaika mit 35 US$ Ausreisegebühr).

Die Flugpreise bewegen sich zwischen 600 und 800 Euro. Viele der Großen Antillen lassen sich auch während einer Kreuzfahrt besuchen. Aktuelle Angebote u. a. bei *seetours.de*.

Für die Taxifahrten in die nächste Stadt gelten feste Tarife, die Fahrt

– 5 (Winter) bzw. – 6 Stunden (Sommer) Zeitverschiebung

Dominikanische Republik und Puerto Rico

– 6 Stunden Zeitverschiebung

Kuba und Bahamas (Ausnahme: Vom 2. bis zum letzten Märzsonntag und vom letzten Oktobersonntag bis zum 1. Novembersonntag ist es jeweils 5 Stunden früher.)

Jah Rastafari! Wandmalerei mit Bob Marley & Co.

– 6 (Winter) bzw. – 7 Stunden (Sommer) Zeitverschiebung

Jamaika und Cayman Islands

vom Flughafen Las Américas in die Altstadt von Santo Domingo z. B. kostet 40 US$.

KLIMA & REISEZEIT

Beste Reisezeit ist der Winter, dann fällt kein Regen und nur der Wind lindert die karibische Hitze; allein um Weihnachten können Kaltfronten für kühle Tage sorgen. Im Sommer herrscht Regenzeit. Besonders feucht und heiß ist der Juli. Dann beginnt auch die Hurrikansaison (etwa bis Ende Oktober) – vor den zerstörerischen Stürmen wird aber rechtzeitig gewarnt.

Adapter Typ A, B und L

Für alle Großen Antillen ist es sinnvoll neben einem einfachen US-Adapter für Steckdose Typ A wegen des besseren Halts auch einen für Steckdosen des Typs B und für Kuba noch einen für Typ L dabei zu haben. Die Netzspannung beträgt meist 110 V bei einer Frequenz von 60 Hz.

WEITER-KOMMEN

INSELFLÜGE

Zwischen den Inseln der Großen Antillen verkehren *Cayman Airways (caymanairways.com)*, *Caribbean Airlines (caribbean-airlines.com)* und *Ameri-*

can Airlines (americanairlines.de). Innerhalb der Bahamas sind *Bahamas Air (bahamasair.com)*, *Flamingo Air (flamingoairbah.com)* und *Sky Bahamas (skybahamas.net)* die wichtigsten Fluglinien.

FÄHREN

Auf den Bahamas kannst du preiswert per Postschiff von Nassau aus zu anderen Inseln kommen *(bahamasferries.com)*, außerdem gibt es zum Teil Fähren von Insel zu Insel wie Eleuthera nach Harbour Island und von Marsh Harbor auf den Abacos nach Elbow Cay. Strudel in der Tiefe des Meeres bewirken, dass du auf manchen Fährstrecken schnell seekrank wirst. Kauf dir die Tabletten vor Ort – sie helfen besser als mitgebrachte!

INSIDER-TIPP
Gut gegen Seekrankheit

MIETWAGEN

Pro Tag kostet ein Leihwagen etwa 50 US$ inklusive Versicherung und unbegrenzten Kilometern. Das Mindestalter für den Verleih ist 25 Jahre, der nationale Führerschein genügt. Bezahlt werden Miete und Kaution mit Kreditkarte. Im Falle eines Unfalls mit Personenschaden darfst du auf Kuba das Land erst nach Genesung des Geschädigten verlassen.

Tankstellen gibt es überall ausreichend, meist kannst du dort auch mit Kreditkarte bezahlen (nur auf Kuba nicht überall). Gezapft wird zum Teil in Gallonen (=3,785 l). Auf Jamaika, den Bahamas und den Cayman Islands wird wie in England links gefahren. Davon abgesehen entsprechen die Verkehrsregeln überall den unsrigen, außer dass zum Teil in Meilen (1 Meile = 1,609 km) gezählt wird. Bei der Einfahrt in einen Verkehrskreisel hat Vorfahrt, wer sich bereits im Kreisverkehr befindet.

Die Autobahnen der Inseln sind überwiegend in gutem Zustand und teilweise mautpflichtig. Auf Puerto Rico werden dir die Mautgebühren automatisch über den *Autoexpreso Tag* berechnet. Auf den Landstraßen kannst du so manche Überraschungen erleben, wie große Schlaglöcher oder komplett fehlende Markierungen.

ÖFFENTLICHE VERKEHRSMITTEL

Klimatisierte Langstreckenbusse sind schnell und günstig auf Kuba (*viazul.com)*, auf Jamaika *(knutsfordexpress.com)* und in der Dominikanischen Republik *(caribetours.con.do)*. *Caribetours* steuert von Santo Domingo auch Haiti an (Cap Haitïen im Norden und Petiónville/Port-au-Prince im Süden). Preisbeispiele: St. Domingo–Puerto Plata (Dom. Rep.) kostet 7 Euro, Havanna–Santiago de Cuba (Kuba) 45 Euro. Daneben verkehren fast überall Minibusse *(guaguas)*, Ausnahme: Auf Puerto Rico gibt es Busse nur innerhalb der Hauptstadt San Juan.

TAXI

Offizielle Taxis sind wesentlich teurer als private Sammeltaxis (Kleingeld bereithalten) oder *route taxis* (Jamaika), die meist auf festen Routen verkehren und auf Wunsch halten. Oft haben die Taxis keine Taxameter, dann ist es wichtig, dass du vor dem Einsteigen einen Festpreis vereinbarst!

FESTE & EVENTS

RUND UMS JAHR

JANUAR/FEBRUAR

Karneval in der Dominikanischen Republik, Auftakt in Santo Domingo (28. Jan.) und am Faschingsdienstag in Ponce (Puerto Rico)

MÄRZ/APRIL

Semana Santa in der Dominikanischen Republik und Puerto Rico: Prozessionen von Gründonnerstag bis Ostermontag

APRIL

★ ***Jamaica Carnival:*** Calypso- und Soca-Wettbewerbe, Maskeraden und Tanz. *jamaicacarnival.com*

MAI

Cayman Islands Carnival Batabanas: Steelbands, Soca-Musik, Paraden, Tanz

JUNI

Ocho Rios Jazz Festival Jamaika: eine Woche lang Jazzmusik aus aller Welt (erste Monatshälfte). *jamaicaculture.org/jazz*

JULI

Reggae Sumfest: Das größte Open-Air-Festival Jamaikas (5 Tage in Montego Bay). *reggaesumfest.com*

Festival del Caribe in Santiago de Cuba: mit anschließendem Karneval

AUGUST

Junkanoo Summer Festival: Livemusik und Straßenkarneval (Bahamas)

OKTOBER/NOVEMBER

Festival Teatro de la Habana: Theateraufführungen. *fth.cult.cu*

NOVEMBER

★ ***Pirates Week:*** Das verrückte Piratenfest findet auf den Cayman-Inseln statt. *piratesweekfestival.com*

DEZEMBER

★ ***Junkanoo:*** Bands und Tanz auf den Bahamas

★ ***Las Parrandas de Remedios*** auf Kuba: Karneval-ähnlicher Wettbewerb mit viel Feuerwerk

ZOLL

Bei der Einreise in Karibikstaaten sind Dinge des privaten Bedarfs zollfrei. Für bestimmte Medikamente musst du evtl. ein Rezept vorzeigen. In Kuba ist unter anderem die Einfuhr elektrischer Geräte beschränkt. Für die Ausfuhr von mehr als 50 Zigarren brauchst du dort den Kaufbeleg im Original und in Kopie und bei Gemälden ab einer Größe von 50 x 50 cm eine Ausfuhrgenehmigung *(autorización)* des *Registro Nacional de Bienes Culturales* (2–5 CUC). Bei der Einreise in die EU sind eine Stange Zigaretten (200 Stück) oder 50 Zigarren, und ein Liter Spirituosen zollfrei (je nach Land gelten auch großzügigere Mengen), außerdem dürfen Mitbringsel bis 430 Euro eingeführt werden. *zoll.de*

IM URLAUB

FOTOGRAFIEREN

Auf den Bahamas, den Cayman Islands und vor allem auf Jamaika fühlen sich die Menschen eher belästigt und verlangen sogar Geld („One Dollar!"). Wer dort ungefragt fotografiert, provoziert aggressive Reaktionen.

FEIERTAGE

1. Jan.	New Years Day/Año Nuevo, Tag der Befreiung auf Kuba
6. Jan.	Los Reyes Magos (Puerto Rico, Dom. Rep.)
21. Jan.	Nuestra Señora de la Altagracia (Dom. Rep.)
26. Jan.	Natalicio de Duarte (Dom. Rep.)
28. Jan.	Geburtstag José Martí (Kuba), Tag der Volkshelden (Cayman Islands)
27. Feb.	Unabhängigkeitstag in der Dom. Rep.
9. März	Baron Bliss Day (Bahamas)
22. März	Abolition Day (Puerto Rico)
28 .März	Royal Visit Day (Cayman Islands)
März/April	Karfreitag/Ostern
1. Mai	Día del Obrero (Kuba)
20. Mai	Tag der Entdeckung (Cayman Islands)
23. Mai	Labour Day (Jamaika)
10. Juni	Geburtstag der Engl. Königin (Cayman Islands)
1. Juli	Tag der Verfassung (Cayman Islands)
4. Juli	Unabhänggkeitstag der USA (Puerto Rico)
26. Juli	Sturm auf die Moncada-Kaserne (Kuba)
30. Juli	Tag der Märtyrer der Revolution (Kuba)
1. August	Emancipation Day (Jamaika)
5. August	Emancipation Day (Bahamas)
6. August	Independence Day (Jamaika)
16. August	Día de la Restauración (Dom. Rep.)
8. Oktober	Gefangennahme Che Guevaras (Kuba)
12. Okt.	Día de Colón/Discovery America Day (Kolumbustag)
1. Nov.	Todos los Santos/Allerheiligen
11. November	Veteran's Day (Puerto Rico)
19. November	Discovery Day (Puerto Rico)
25. November	Thanksgiving (Puerto Rico)
25. Dez.	Weihnachten/Noche Buena
26. Dez.	Boxing Day (Bahamas)

LADENÖFFNUNGSZEITEN

Sonntags haben die meisten Geschäfte geschlossen, ausgenommen die großen Shoppingsmalls, die kleinen Tante-Emma-Läden *(colmados)* und die Läden in Touristengebieten. Manche schließen auch schon Samstagmittag. Doch sonst sind alle Geschäfte täglich von etwa 9 Uhr morgens bis abends um 19 Uhr geöffnet. Banken sind Mo–Fr von 8 bis 16 Uhr, in Touristenzentren oft auch Sa 8–13 Uhr geöffnet.

POST

Luftpostbriefe und Karten sind von den karibischen Inseln bis nach Europa zwischen sechs Tagen und vier Wochen unterwegs – aus Kuba kommen sie manchmal gar nicht an, weil die Briefmarken gemopst werden. Überall sind die Postämter Mo–Fr von 8 bis 16 Uhr geöffnet. Briefmarken nach Europa *(estampa internacional)* kosten 80 Pesos (senkrecht aufkleben!).

SPRACHE

Auf Kuba und in der Dominikanischen Republik wird spanisch gesprochen, in Puerto Rico zusätzlich Englisch. Auf den Cayman Islands und auf den Bahamas wirst du nur Englisch hören, auf Jamaika dagegen ist dazu Patois verbreitet, ein kreolischer Englisch-Slang mit westafrikanischen Einflüssen.

STRÄNDE

Erwarte keine besonderen Einrichtungen an den Stränden der Dominikanischen Republik, Kubas und der Out Islands der Bahamas; extra Parkplätze und Toiletten sind dort eine Seltenheit. Auf Puerto Rico, den Cayman Islands und Jamaika findest du an den bekanntesten Stränden Parkplätze, oft kostet die Benutzung auch Eintritt.

TOILETTEN

Immer dran denken: Kein Klopapier ins Klo werfen! Die Rohre verstopfen schnell. Für das benutzte Papier steht immer ein Eimer neben dem Klo bereit.

TRINKGELD

Der Servicezuschlag ist in den Rechnungen meistens bereits enthalten. In der Dominikanischen Republik kommt zur Service-Steuer noch die Umsatzsteuer. In den Hotels erwarten Kofferträger je nach Leistung mindestens 1–3 Dollar und Zimmermädchen mindestens 10 Dollar pro Woche.

WÄHRUNG

Die Währungseinheiten sind: Kubanischer Peso (CUP), US-$ sind gern gesehen (keine Gebühr mehr beim Umtausch, aber kein Rücktausch von CUP in US$ am Flughafen); Cayman Island Dollar (CI$); Jamaica-Dollar (J$); Dominikanischer Peso (RD) und US-Dollar für Puerto Rico. Der Bahamas-Dollar (B$) ist 1:1 an den US-Dollar gekoppelt. Am teuersten sind Grand Cayman und die Bahamas, gefolgt von Puerto Rico. Am günstigsten reist du in der Dominikanischen Republik und auf Kuba mit der nationalen Währung. Währungs-Umrechner: *oanda.com*
Kreditkarten: Auf Kuba werden nach wie vor keine Kreditkarten von US-Banken akzeptiert. Dort kannst du aber mit europäischer VISA oder Master-Card bezahlen (oft wird sogar nur Kreditkarte als Bezahlung akzeptiert, z.B. an Tankstellen), außerdem bei Banken (nach Passvorlage) und Bargeld holen (mit 3 % Gebühr). Sonst kannst du überall in der Karibik an eigens dafür gekennzeichneten ATM-Geldautomaten Geld in der Landeswährung ziehen, oft auch mit der

EC-Maestro-Karte (vereinzelt inzwischen auch auf Kuba).

VORWAHLEN

Von Zuhause in die Karibik: Die Vorwahl für Kuba ist 0053; für alle anderen Inseln einheitlich 001, seit die frühere Landeskennzahl größtenteils Teil der jeweiligen Teilnehmernummer oder zur landesinternen Vorwahlnummer wurde. Ausnahme Kuba: Wenn du von einer Provinz in eine andere telefonieren willst, musst du 01 vorwählen, in Havanna nur die 0 und auch für Telefonate innerhalb einer Provinz genügt die 0. Alle Nummern mit einer 5 am Anfang sind Handys – hier kannst du direkt die Nummer wählen.

Von der Karibik nach Hause: Von Kuba wählst du 119 vor der Landes- Orts- und Teilnehmerkennzahl (ohne Null davor), also z. B. nach Hamburg in Deutschland: 119 49 40 und die Teilnehmernummer. Von der Dominikanischen Republik, Jamaika, Puerto Rico und den Bahamas wählst du 011 und dann die Landes-, Orts- und Teilnehmernummer (ohne Null davor). Nur von den Cayman Islands gilt keine besondere Vorwahl für Anrufe nach Deutschland, Österreich oder der Schweiz, wähle direkt 0049, 0043 bzw. 0041 vor der Telefonnummer.

GRÜN & FAIR REISEN

Du willst beim Reisen deine CO_2-Bilanz im Hinterkopf behalten? Dann kannst du deine Emissionen kompensieren *(atmosfair.de; myclimate.org)*, deine Route umweltgerecht planen *(routerank.com)* oder auf Natur und Kultur *(gate-tourismus.de)* achten. Mehr über ökologischen Tourismus erfährst du hier: *oete.de* (europaweit); *germanwatch.org* (weltweit).

TELEKOMMUNIKATION

Telefonkarten & Co: Jede Insel verkauft ihre eigenen Telefonkarten; du bekommst sie in den einschlägigen Telekommunikationsbüros (z. B. Etecsa auf Kuba) oder beim Postamt.

Internet: Alle Gästehäuser, Hotels und viele Lokale bieten inzwischen freies WLAN (heißt in der Karibik WIFI); frage außerdem nach WIFI-Hotspots (z. B. Parks oder Straßen). Auf Kuba musst du dir eine Internetkarte für die WIFI-Hotspots besorgen. Auch Skype *(skype.com)* funktioniert dort inzwischen.

Handys: Je nach Vertrag ist es billiger die SIM-Karte mit einer vor Ort gekauften auszutauschen – oder ein preiswertes Prepaid-Handy mit lokaler SIM-Karte und lokaler Nummer zu kaufen (ca. 30 Euro).

NOTFÄLLE

DEUTSCHE BOTSCHAFTEN UND KONSULATE

Honorarkonsulat Bahamas: *Honorary Consul of the Federal Republic of Germany | Sandyport Office Center Lagoon Court Building, Suite 115 | Nassau | Tel. 242 3 27 11 63*

Deutsche Botschaft für Bahamas, Cayman Islands und Jamaika: *Ger-*

Ein bunter Cocktail als Erfrischung am Strand ist immer willkommen

man Embassy | 10, Waterloo Road | P.O. Box 444 | Kingston 10 | Jamaica | Tel. 876 9 26 67 28 | kingston.diplo.de

Dominikanische Republik: *Embajada de la República Federal de Alemania | Ed. GINAKA 2.0, Pisos 5 y 6 | Avda. Núñez de Cáceres 11 (zw. Sarasota/ Rómulo Betancourt) | Santo Domingo | Tel. 809 5 42 89 50 | santo-domingo.diplo.de*

Kuba: *Embajada de Alemania | Calle 13 Nr. 652, Ecke B | Vedado| Ciudad de la Habana | Tel. 7 8 33 25 69 | havanna.diplo.de*

Puerto Rico: *German Consulate General Miami | 100 N. Biscayne Blvd. | Miami, Florida | Tel. 001 30 53 58 02 90*

ÖSTERREICHISCHE BOTSCHAFTEN UND KONSULATE

Honorarkonsulat Bahamas: *Caves Village 5/4, West Bay Street | Nassau | Tel. 242 3 27 82 78 | austriaconsulnassau.com*

Cayman Islands: *Honorarkonsulat | Pasadora Place 31, Smith Road | George Town | Grand Cayman | Tel. 345 9 16 66 88 | consulate.ky*

Jamaika: *Austrian Consulate General | Josef Forstmayr | Round Hill Hotel | Montego Bay | Tel. 876 9 40 24 04 | josef@roundhill.com*

Kuba und Dominikanische Republik: *Embajada de Austria | Ed. Corporativo 2010, Piso 10 | Avda. Gustavo Mejía Ricart 102/Ecke Avda. Abraham Lincoln Ens. Piantini | Santo Domingo | Tel. 809 4 12 40 14*

Puerto Rico: *Öst. Honorarkonsulat | August Schreiner | 210 Chardon Ave. | Suite 102 | San Juan | Mobiltel. 787 3 16 60 10 | augustoschreiner@gmail.com*

SCHWEIZERISCHE BOTSCHAFTEN UND KONSULATE

Bahamas: *Consulate of Switzerland | Lyford Cay | Resolute Road | Nassau | Tel. 242 3 62 55 39 | eda.admin.ch/montreal*

Cayman Islands: zur Zeit kein Konsulat, zuständig ist das Consulat General of Switzerland in Atlanta: *eda.admin.ch/atlanta*

Dominik. Republik: *Embajada de Suiza | Ed. Corporagtivo 2010, Piso 10 | Avda. Gustavo Mejía Ricart 102/Ecke Avda. Abraham Lincoln | Piantini | Santo Domingo | Tel. 809 5 33 37 81 | eda.admin.ch/santodomingo*

Kuba und Jamaika: *Embajada de Suiza | 5ta Avda. 2005, zw. Calle 20 und 22 | Miramar | Playa | Tel. 7 2 04 26 11 | eda.admin.ch/havana*

Puerto Rico: *Consulate of Switzerland | 110 Calle María Mozcó | San Juan | Tel. 787 6 67 97 92 | zuständige Botschaft: eda.admin.ch/newyork*

GESUNDHEIT

Auf Kuba obligatorisch ist der Nachweis einer Auslands-Krankenversicherung, die Covid-19 abdeckt (vor der Reise von der KV auf spanisch zuschicken lassen!). Deine wichtigen Medikamente solltest du dabei haben. Spezielle Impfungen sind nicht erforderlich. Aber der Nachweis einer zweifachen Covid-19-Impfung spart Zeit. Mehr Infos unter *auswaertiges-amt.de* und *fit-for-travel.de*.

AIDS: Die Anzahl der Infizierten beträgt in der Dominikanischen Republik 57 000, in Jamaika 32 000, Kuba 7100 und auf den Bahamas 6600.

Bilharziose: In den Flüssen und Seen der großen Antillen können Bilharziose-Erreger auftreten. Um eine Infizierung zu vermeiden, solltest du nur im Meer oder im Pool baden.

Mücken: Ohne Mückenschutz kannst du dir auch tagsüber durch Stiche den Chikungunya- und den für Schwangere hochgefährlichen Zikavirus oder Denguefieber einhandeln. Die Symptome in beiden Fällen: Gelenk- und Muskelschmerzen, Fieber, Hautausschlag. Gewissheit über den Virustyp gibt nur eine Blutuntersuchung.

Ciguatera: So heißt die Vergiftung durch Fischfleisch; sie ist auf die Monate von April bis September beschränkt, weil die Tiere nur dann giftige Algen gefressen haben können.

WAS KOSTET WIE VIEL?

Cocktail	3–6,20 Euro *z. B. für eine Piña Colada*
Museum	4–7 Euro *durchschnittlicher Eintritt*
Kaffee	0,80–1,40 Euro *für eine Tasse normalen Kaffee*
Zigarren	50–150 Euro *für eine Kiste Havannas*
Burger	ca. 3,75 Euro *vom Imbiss auf Jamaika*
Kalik-Bier	4–6 Euro *auf den Bahamas*
Benzin	0,68–1,20 Euro *für 1 l Normal in Puerto Rico bzw. 1 l Super auf Kuba*

NOTFALLNUMMERN

Bahamas: *911* und *919*
Kuba: *106*
Cayman Islands: *911*
Dominikanische Republik: *911*
Jamaika: *110* und *119*

Puerto Rico: *911*
Bei Verlust der Karte wählst du den rund um die Uhr besetzten deutschen Sperrnotruf : *+49 11 61 16*

WICHTIGE HINWEISE

SICHERHEIT

„Gelegenheit macht Diebe", das gilt für alle Ziele; am wenigstens aber bist du auf den wohlhabenden Inseln wie den Cayman Islands, den Bahamas und Puerto Rico gefährdet. Große Einkommensgefalle machen die Dominikanische Republik und Jamaika zu Ländern, in denen du einsame und dunkle Gegenden meiden und vorsichtig mit Geld und Schmuck sein solltest. Inzwischen ist die Moral auf Kuba auch nicht mehr die beste, also auch Vorsicht dort! Über die aktuelle Sicherheitslage informiert die Website des Auswärtigen Amts *(auswaertiges-amt.de)* unter den Länderhinweisen.

NATURGEFAHREN

Auf Puerto Rico kannst du in allen tiefgelegenen Zonen Tsunami-Warnschilder sehen: Denn die Großen Antillen liegen im Bereich möglicher Erd- oder Seebeben, die verheerende Flutwellen auslösen können. Häufiger kommt es aber zu Verwüstungen durch Hurrikans, die aber vorhersehbar sind. Dann unbedingt drinnen bleiben, damit dich nicht herumfliegende Teile treffen.

WETTER IN SANTO DOMINGO

Hauptsaison: Jan., Feb., März, April, Nov., Dez.
Nebensaison: Mai, Juni, Juli, Aug., Sept., Okt.

	JAN.	FEB.	MÄRZ	APRIL	MAI	JUNI	JULI	AUG.	SEPT.	OKT.	NOV.	DEZ.
Tagestemperaturen	28°	28°	29°	29°	30°	30°	31°	31°	31°	31°	30°	29°
Nachttemperaturen	20°	19°	20°	21°	22°	23°	23°	23°	23°	23°	22°	21°
Sonnenschein Stunden/Tag	6	6	7	6	6	7	7	7	7	7	6	6
Niederschlag Tage/Monat	7	6	5	7	11	12	11	11	11	11	10	8
Wassertemperatur	27°	26°	26°	27°	27°	27°	28°	28°	28°	28°	27°	27°

Sonnenschein Stunden/Tag · Niederschlag Tage/Monat · Wassertemperatur

SPICKZETTEL SPANISCH

SMALLTALK

ja/nein/vielleicht	sí/no/quizás
bitte/danke	por favor/gracias
Hallo!/Auf Wiedersehen!/Tschüss!	¡Hola!/¡Adiós!/¡Hasta luego!
Gute(n) Tag!/Abend!/Nacht!	¡Buenos días!/¡Buenas tardes!/¡Buenas noches!
Entschuldige!/Entschuldigen Sie!	¡Perdona!/¡Perdone!
Darf ich …?	¿Puedo …?
Wie bitte?	¿Cómo dice?
Ich heiße …	Me llamo …
Wie heißen Sie?/ Wie heißt du?	¿Cómo se llama usted?/ ¿Cómo te llamas?
Ich komme aus … Deutschland/ Österreich/Schweiz	Soy de … Alemania/Austria/ Suiza
Das gefällt mir (nicht).	Esto (no) me gusta.
Ich möchte …/Haben Sie …?	Querría …/¿Tiene usted …?

ZEIGEBILDER

ESSEN & TRINKEN

Die Speisekarte, bitte!	¡El menú, por favor!
teuer/billig/Preis	caro/barato/precio
Könnten Sie mir bitte ... bringen?	¿Podría traerme ... por favor?
Flasche/Karaffe/Glas	botella/jarra/vaso
Messer/Gabel/Löffel	cuchillo/tenedor/cuchara
Salz/Pfeffer/Zucker	sal/pimienta/azúcar
Essig/Öl/Milch/Zitrone	vinagre/aceite/leche/limón
kalt/versalzen/nicht gar	frío/demasiado salado/sin hacer
mit/ohne Eis/Kohlensäure	con/sin hielo/gas
Vegetarier/Vegetarierin/Allergie	vegetariano/vegetariana/alergía
Ich möchte zahlen, bitte.	Querría pagar, por favor.
Rechnung/Quittung/Trinkgeld	cuenta/recibo/propina

NÜTZLICHES

Wo ist ...? /Wo sind ...?	¿Dónde está ...? /¿Dónde están ...?
Wie viel Uhr ist es?	¿Qué hora es?
heute/morgen/gestern	hoy/mañana/ayer
Wie viel kostet ...?	¿Cuánto cuesta ...?
Wo finde ich einen Internetzugang/ WLAN?	¿Dónde encuentro un acceso a internet/wifi?
Hilfe!/Achtung!/Vorsicht!	¡Socorro!/¡Atención!/¡Cuidado!
Apotheke/Drogerie	farmacia/droguería
kaputt/funktioniert nicht	roto/no funciona
Panne/Werkstatt	avería/taller
Darf ich hier fotografieren?	¿Podría fotografiar aquí?
offen/geschlossen/Öffnungszeiten	abierto/cerrado/horario
Eingang/Ausgang	entrada/salida
Toiletten (Damen/Herren)	aseos (señoras/caballeros)
(kein) Trinkwasser	agua (no) potable
Frühstück/Halbpension/Vollpension	desayuno/media pensión/pensión completa
Parkplatz/Parkhaus	parking/garaje
Ich möchte ... mieten.	Querría alquilar ...
ein Auto/ein Fahrrad/ein Boot	un coche/una bicicleta/un barco
0/1/2/3/4/5/6/7/8/9/10/100/1000	cero/un, uno, una/dos/tres/ cuatro/cinco/seis/siete/ocho/ nueve/diez/cien, ciento/mil

SPICKZETTEL ENGLISCH

SMALLTALK

ja/nein/vielleicht	yes/no/maybe	jäs/nəu/mäibi
bitte/danke	please/thank you	plihs/θänkju
Wie bitte?	Pardon?	'pahdn?
Gute(n) Morgen!/Tag!/ Abend!/Nacht!	Good morning!/ afternoon!/evening!/ night!	gud 'mohning/aftə'nuhn/ ihwning/nait
Hallo!/Auf Wiedersehen!	Hello!/Goodbye!	hə'ləu/gud'bai
Ich heiße …	My name is …	mai näim is …
Wie heißt du?/Wie heißen Sie?	What's your name?	wots jur näim?
Ich komme aus …	I'm from …	aim from …
Entschuldigen Sie!	Excuse me!	iks'kjuhs mi
Das gefällt mir (nicht).	I (don't) like this.	ai (dəunt) laik Ðis
Ich möchte …	I would like to …	ai wudd 'laik tə …

ZEIGEBILDER

ESSEN & TRINKEN

Die Speisekarte, bitte.	The menu, please.	Də 'mänjuh plihs
Könnte ich bitte … haben?	May I have …, please?	mäi ai häw …, plihs?
Messer/Gabel/Löffel	knife/fork/spoon	naif/fohrk/spuhn
Salz/Pfeffer/Zucker	salt/pepper/sugar	sohlt/'päppə/'schuggə
Essig/Öl	vinegar/oil	'viniga/oil
Milch/Sahne/Zitrone	milk/cream/lemon	milk/krihm/'lämən
mit/ohne Eis/ Kohlensäure	with/without ice/gas	wiD/wiD'aut ais/gäs
Vegetarier(in)/Allergie	vegetarian/allergy	wätschə'täriən/'ällədschi
Ich möchte zahlen, bitte.	May I have the bill, please?	mäi ai häw De bill plihs
Rechnung/Quittung	bill/receipt	bill/ri'ssiht
bar/ec-Karte/Kreditkarte	cash/ATM card/ credit card	käsch/äi ti äm kahrd/ krädit kahrd

NÜTZLICHES

Wo ist …?/Wo sind …?	Where is …?/ Where are …?	'weə is…?'weə ahr …?
Wie viel Uhr ist es?	What time is it?	wot 'taim is it?
heute/morgen/gestern	today/tomorrow/ yesterday	tə'däi/tə'morəu/'jästədäi
Wie viel kostet …?	How much is …?	'hau matsch is …
Wo finde ich einen Internetzugang/WLAN?	Where can I find internet access/Wifi?	'weə känn ai faind 'internet 'äkzäss/waifai?
Hilfe!/Achtung!/ Vorsicht!	Help!/Attention!/Caution!	hälp/ə'tänschən/'koschən
Apotheke/Drogerie	pharmacy/chemist	'farməssi/kemist
Fieber/Schmerzen	fever/pain	fihvə/peyn
kaputt/funktioniert nicht	broken/doesn't work	'brəukən/'dasənd wörk
Panne/Werkstatt	breakdown/garage	'bräikdaun/'gärasch
Fahrplan/Fahrschein	schedule/ticket	'skädjuhl/'tikət
0/1/2/3/4/5/6/7/8/9/ 10/100/1000	zero/one/two/three/ four/five/six/seven/ eight/nine/ten/(one) hundred/(one) thousand	'sirou/wan/tuh/θri/fohr/ faiw/siks/'säwən/äit/nain/ tän/('wan) 'handrəd/ ('wan) θausənd

URLAUBS FEELING

ZUM EINSTIMMEN & AUSKLINGEN

LESESTOFF & FILMFUTTER

DIE ZEIT DER SCHMETTERLINGE
Roman von Julia Alvarez. Fünf Schwestern rebellieren als Widerstandskämpferinnen in der Dominikanischen Republik zur Zeit Trujillos.

INSELN IM STROM
Hemingway schildert im ersten Teil einen Angelurlaub seines autobiographischen Helden in den Fanggründen vor Bimini auf den Bahamas mit seinen Söhnen; im zweiten Teil kreuzt er vor Kuba und versackt demoralisiert vom Verlust seiner Söhne in kubanischen Bars (1970).

COOL RUNNINGS
Gute-Laune-Film über ein Vierer-Bob-Team aus Jamaika, das trotz aller Trainingsprobleme in der tropischen Heimat an den Olympischen Winterspielen teilnimmt (1993).

BUENA VISTA SOCIAL CLUB
Dokumentarfilm von Wim Wenders über das von Ry Cooder initiierte Comeback der vorrevolutionären kubanischen Son-Stars Ibrahim Ferrer, Compay Segundo, Rubén González und Omara Portuondo, das sie bis nach New York in die Carnegie Hall führte (1999).

PLAYLIST QUERBEET

0:58

LUIS FONSA – DESPACITO
Lasziver Superhit des Latinostars aus Puerto Rico

JEAN LUIS GUERRA – BACHATA ROSA
Klassiker zum Dahinschmelzen vom Merengue-Superstar

POPCAAN – TRAUMATIZED
Jamaikanischer Dancehall-Künstler, der bereits ein paar Auszeichnungen einheimste

RONNIE BUTLER – MARRIED MAN
Rasant-witziger Calypso-Hit der Musiklegende von den Bahamas

NATTI NATASHA & BECKY G – SIN PIJAMA
Latin-Pop-Hit der Dominikanerin Natti Natasha und der US-Amerikanerin Becky G

BOB MARLEY – ONE LOVE
Inselübergreifender Klassiker der Reggae-Legende

Den Soundtrack zum Urlaub gibt's auf **Spotify** unter **MARCO POLO Caribbean**

Oder Code mit Spotify-App scannen

AB INS NETZ

CUBAFORUM.NET
Die kostenlose Mitgliedschaft eröffnet dir den Zugang zu Reiseberichten, Musiktipps und zu Themen wie Heirat oder Scheidung auf Kuba

EXPATFOCUS.COM
Ideal zum Stöbern: Eine ausgezeichnete Blog-Auswahl von früheren Cayman Islands-Bewohnern (englisch)

DOMREPWORLD.COM
Tolle touristische Infos auf deutsch, sogar kleine E-Book-Guides für die attraktivsten dominikanischen Regionen

JAMAICANS.COM
Informative Seite mit Reisetipps, karibischen Rezepten, einem Kid's Guide und jeder Menge News (englisch)

DAVIDSBEENHERE.COM
YouTube-Traveler David nimmt dich mit auf eine Stipvisite nach Puerto Rico

BAHAMASLOCAL.COM
Lokale Politik und Nachrichten in Englisch, dazu Tipps für aktuelle Veranstaltungen sowie Links zu Videos und Blogs

TRAVEL PURSUIT

DAS MARCO POLO URLAUBSQUIZ

Weißt du, wie Karibik Große Antillen tickt? Teste hier dein Wissen über die kleinen Geheimnisse und Eigenheiten von Land und Leuten. Die Lösungen findest du in der Fußzeile. Und ganz ausführlich auf den S. 18–23.

❶ Wo betrat Kolumbus 1492 erstmals Amerika?
a) Wo heute Puerto Rico liegt
b) Wo heute Kuba liegt
c) Wo heute die Bahamas liegen

❷ Was stammt von karibischen Ureinwohnern?
a) Strohhut
b) Hängematte
c) Sandalen

❸ Was machte Euopa unabhängig von karibischem Zucker?
a) Honig
b) Süßstoff
c) Zuckerrübe

❹ Wo stehen die ältesten Zuckermühlen-Ruinen?
a) in Puerto Rico
b) in Jamaika
c) in der Dominikanischen Republik

❺ Wen symbolisiert Blau in der kubanischen Santería?
a) Chango, den Gott der Männlichkeit
b) Yemaha, die Göttin des Meeres, von Geburt und Tod
c) Ochún, die Göttin der Liebe

❻ Wie lang können Spitzkrokodile werden?
a) 5 m
b) 3,80 m
c) 2,50 m

Lösungen: 1c, 2b, 3c, 4c, 5b, 6a, 7c, 8ba 9c, 10b, 11c, 12b, 13a

Es würde nur zu gut passen, wenn die Hängematte aus der Karibik stammen sollte…

❼ Wer hat den Reggae Jamaikas weltberühmt gemacht?
a) Eric Clapton
b) Mick Jagger
c) Bob Marley

❽ Woran erinnern die Häuschen in der Karibik?
a) Lebkuchenhaus
a) Gartenhaus
b) Hexenhaus

❾ Welches Spiel ist in der ganzen Karibik verbreitet?
a) Skat
b) Backgammon
c) Domino

❿ Wie heißt der Nationalbaum auf den Cayman Islands?
a) Mahagoni
b) Silberpalme
c) Meerestraubenbaum

⓫ Welcher Staat der Großen Antillen war als erster unabhängig?
a) Kuba
b) Jamaika
c) Haiti

⓬ Wie nennen die Rastafari den als Messias verehrten Kaiser Ras Tafari Makonnen noch?
a) Tiger von Babylon
b) Löwe von Juda
c) Panther von Abessinien

⓭ Welcher der folgenden Tänze hat seinen Ursprung NICHT in der Karibik?
a) Samba
b) Salsa
c) Cha-Cha-Cha

REGISTER

LOB ODER KRITIK? WIR FREUEN UNS AUF DEINE NACHRICHT!

Trotz gründlicher Recherche schleichen sich manchmal Fehler ein. Wir hoffen, du hast Verständnis, dass der Verlag dafür keine Haftung übernehmen kann.

MARCO POLO Redaktion • MAIRDUMONT • Postfach 31 51
73751 Ostfildern • info@marcopolo.de

Impressum
Titelbild: Dominikanische Republik, Punta Cana, Parque Nacional del Este (huber-images: G. Gräfenhain)
Fotos: G. Froese (159); huber-images: W. Bertsch (2/3), T. Bierbaum (126), M. Borchi (102), P. Canali (111, 154/155), O. Fantuz (27), Gräfenhain (76/77, 106/107, 119), G. Gräfenhain (6/7), S. Kremer (Klappe hinten, 14/15, 38/39, 48, 64/65, 73, 74, 81, 87, 89, 92/93, 104/105, 122/123), Schmid (53), R. Schmid (30/31, 43, 51), T. White (8); Laif: K. Amsler (23), Bialobrzeski (84), Gonzalez (101), Kirchgessner (31, 116, 120), T. Linkel (28), Sasse (68), Serena (47); Laif/hemis.fr: J. - P. Degas (140/141); Laif/Hemisheres (130); Laif/Polaris: T. Rock (56/57); mauritius images: R. Eisele (147); mauritius images/age: R. Discherl (90); mauritius images/age fotostock: R. Valls López (113, mauritius images/age: R. Valls López (138); mauritius images/Alamy: K. Andreev (156/157), K. Foy (9), G. Genin (98), T. Hanley (62), B. Mays (24/25), A. Novelli (11), G. Oze (97), E. Remsberg (19), J. Schwabel (61); mauritius images/Alamy/Beara Creative (12/13); mauritius images/Alamy/Brian Mullennix World View (10); mauritius images/Alamy/Hackenberg-Photo-Cologne (132); mauritius images/Alamy/Images & Stories (20); mauritius images/Alamy/Stephen Frink Collection (32/33); mauritius images/Alamy/Stockphoto: Graf (Klappe vorne außen, Klappe vorne innen, 1); mauritius images/Bluegreen Picures: O. van der Wal (34/35); mauritius images/Glasshouse: E. Schwortz (135); mauritius images/Imagebroker: M. Moxter (71); mauritius images/Imagebroker/gourmet-vision (26/27); mauritius images/John Warburton-Lee: J. Sweeney (54); mauritius images/Prisma/VC-DLH (143); mauritus images/Alamy: P. Phelan (114)

13. Auflage 2022, komplett überarbeitet und neu gestaltet

Autoren: Gesine Froese, Karl Teuschl (Bahamas), Irmeli Tonollo
Redaktion: Martin Silbermann
Bildredaktion: Gabriele Forst
Kartografie: © MAIRDUMONT, Ostfildern (S. 36–37, 124, 129, 133, 136, 139, Umschlag außen, Faltkarte); Berndtson & Berndtson Productions GmbH, Fürstenfeldbruck © MAIRDUMONT, Ostfildern (Faltkarten Nebenkarte); © MAIRDUMONT, Ostfildern, unter Verwendung von Kartendaten von OpenStreetMap, Lizenz CC-BY-SA 2.0 (S. 40–41, 44–45, 58–59, 66–67, 78–79, 82, 94–95, 108–109)
Als touristischer Verlag stellen wir bei den Karten nur den De-facto-Stand dar. Dieser kann von der völkerrechtlichen Lage abweichen und ist völlig wertungsfrei.
Gestaltung Cover, Umschlag und Faltkartencover: bilekjaeger_Kreativagentur mit Zukunftswerkstatt, Stuttgart; Gestaltung Innenlayout: Langenstein Communication GmbH, Ludwigsburg
Spickzettel: in Zusammenarbeit mit PONS GmbH, Stuttgart
Texte hintere Umschlagklappe: Lucia Rojas
Konzept Coverlines: Jutta Metzler, bessere-texte.de

Printed in Poland

MIX
Paper from responsible sources
FSC® C018236
www.fsc.org

MARCO POLO AUTORIN
GESINE FROESE
Seit dem Kolumbusjahr 1992 bereist die Journalistin Gesine Froese regelmäßig die Karibik und Lateinamerika für Magazin-Reportagen und Reiseführer verschiedener Verlage, mehrere Jahre direkt von ihrem Büro in Bogotá und Cartagena de Indias (Kolumbien), inzwischen wieder von Deutschland aus; u.a. ist sie auch die Autorin der Marco Polo Reiseführer Dominikanische Republik und Kuba.

BLOSS NICHT!

FETTNÄPFCHEN UND REINFÄLLE VERMEIDEN

JEDES SOUVENIR KAUFEN

Kauf bitte keinen Schmuck aus Korallen oder Schildplatt – und nimm keine lebenden Tiere oder Pflanzen mit. Viele der Orchideen, Reptilien und Vögel, die hier heimisch sind, stehen unter Naturschutz.

GELD SCHWARZ TAUSCHEN

Auf Kuba, in der Dominikanischen Republik und auf Jamaika ist der Umtausch der jeweiligen Landeswährung ausdrücklich nur in Banken und den staatlich lizenzierten Wechselstuben erlaubt.

HOMOSEXUELL AUF JAMAIKA

In Jamaika ist gleichgeschlechtlicher Sex offiziell illegal. Inoffiziell kann er zwar geduldet werden, doch solltest du offensichtliche coming outs vermeiden, denn schon der Versuch, sich homosexuell zu betätigen, ist strafbar. Vor allem männliche Gays werden von den Jamaikanern nicht selten aggressiv attackiert.

NAHTLOS BRÄUNEN

Nicht nur auf den puritanisch prüden Bahamas ist oben ohne oder gar FKK verpönt, auch in den katholischen Ländern Kuba, Dominikanische Republik und Puerto Rico. Knappe Bikinis sind dagegen recht gern gesehen…

SICH DROGEN UNTERJUBELN LASSEN

Jeglicher Besitz von Drogen inklusive Cannabis wird mit Geldstrafen, Gefängnis oder beidem bestraft. Wenn der Verdacht auf Handel besteht, erhöht sich die Strafe auf bis zu 20 Jahre Haft! Auch die Botschaften sind da machtlos.